语文教学的反思与建构研究

李 杰 著

吉林摄影出版社
·长春·

图书在版编目（CIP）数据

语文教学的反思与建构研究 / 李杰著. -- 长春：吉林摄影出版社，2023.11

ISBN 978-7-5498-6060-9

Ⅰ.①语… Ⅱ.①李… Ⅲ.①语文教学－教学研究 Ⅳ.①H19

中国国家版本馆CIP数据核字(2023)第256257号

语文教学的反思与建构研究
YUWEN JIAOXUE DE FANSI YU JIANGOU YANJIU

著　　者	李　杰
出 版 人	车　强
责任编辑	王维夏
封面设计	文　亮
开　　本	787 毫米 ×1092 毫米　1/16
字　　数	220千字
印　　张	10.25
版　　次	2023年11月第1版
印　　次	2023年11月第1次印刷
出　　版	吉林摄影出版社
发　　行	吉林摄影出版社
地　　址	长春市净月高新技术开发区福祉大路 5788 号
	邮编：130118
网　　址	www.jlsycbs.net
电　　话	总编办：0431-81629821
	发行科：0431-81629829
印　　刷	河北创联印刷有限公司
书　　号	ISBN 978-7-5498-6060-9　　定　价：56.00元

版权所有　　侵权必究

前　言

随着社会对人才需求的不断增加,我国越来越重视对教育的改革和投入。高等职业教育作为一种高等教育,肩负着培养生产、建设、服务和管理第一线需要的"数以亿计的高素质劳动者和数以千万计的高技能专门人才"的使命,在我国加快推进社会主义现代化建设进程和建设人力资源强国战略中具有不可替代的作用。

大学语文因其学科本身的工具性、人文性和综合性特征,铸就了它有别于其他学科的丰富内涵与深厚情怀。人们工作、学习、生活的任何内容都与语文息息相关。通过语文学习,尤其是大学语文的学习,不仅能提升学生的思维能力与创造力,还能增强学生的文学鉴赏力与审美力;同时,语言运用能力的提升会使学生的精神世界更加丰富,情商更高,人格更完善,其作用不可低估。

在讲授语文文化基础课程的同时,应注重学生各专业课程的学习和培养,加强学生技能和综合活动能力的培养,让学生踏入社会后,能够显示出语文的应用性和实用性,这是大学语文的任务。大学语文教育如何定位,最新的教学模式在语文教学中如何应用,如何统整职业核心能力、构建课程标准和考核评价体系等,都有待我们继续深入研究、思考、实践。

由于笔者学术水平有限,书中不免存在诸多不足,恳请各位读者提出宝贵意见,以便今后不断完善。

目 录

第一章 大学语文教学概述 ... 1
- 第一节 大学语文的性质 ... 1
- 第二节 大学语文的特点 ... 5
- 第三节 大学语文教学任务 ... 11
- 第四节 大学语文教学的基本理念 ... 17
- 第五节 大学语文教学方法的变革 ... 35

第二章 生态学与大学语文教育建构 ... 40
- 第一节 生态学视域下的大学语文教育研究 ... 40
- 第二节 大学语文教育的生态失衡 ... 50
- 第三节 大学语文生态化教学设计方案示例 ... 81

第三章 大学语文教学模式 ... 86
- 第一节 语文教学模式的创新思考 ... 86
- 第二节 语文教学模式的优化构建 ... 98
- 第三节 语文教育理念与学习方式 ... 107
- 第四节 语文教学方法分析 ... 114

第四章 大学语文教学策略研究 ... 127
- 第一节 构建课程标准 ... 127
- 第二节 制定教育教学目标 ... 132
- 第三节 实现模块化教学 ... 138

第四节　提升职业素养 …………………………………………… 144

第五节　建立考核评价体系 ……………………………………… 150

参考文献 ……………………………………………………………… 154

第一章　大学语文教学概述

第一节　大学语文的性质

语文是"语言""文字""文章"的统一，是人们交流思想、传递信息，获取知识技能不可或缺的手段。由此可见，语文的工具性、人文性和综合性便成为它的本质属性，包括大学语文。

一、工具性

工具性是大学语文的基本特征，在进行大学语文教学时，教材发挥着较为重要的作用。教师按照课程要求设计教学内容，使教学具有一定的科学性，从而使大学语文课程体现出工具性特点。语文具有较强的实践性，在生活、学习中被广泛应用，并且还具有向其他科目渗透的趋势。因此，获取知识、养成良好的学习习惯是开展大学语文教学工作的主要目的。例如，学生学习过诗歌部分内容之后，就能够了解对仗、押韵等诗歌特点，并能够在写作时应用这样的诗句，进一步提高语文应用能力。另外，良好的语文习惯是通过大量练习得来的，练习时主要依托的是语文教材，所以，语文教材便为大学语文教学工作提供了重要依据。

语文教材具有德育能力，学生在学习中能够形成良好的人生观、价值观和世界观，并对人格品质的形成有一定的影响。由于教材内容中具有爱国主义色彩，学生学习这类文章能够形成爱国情怀，如《苏武传》《祖国，我亲爱的祖国》等文章，其能够发挥出工具性的作用，激发学生的爱国感情，感受中华文化。另外，大学语文中不少文章蕴含丰富的哲理，学生在学习中能够了解为人处世的方式，并能够发挥教材的人生指导意义，提高教学的有效性。

语言作为交流工具，其内容具有大量的信息和知识。大学语文作为一门语言类课程，能够潜移默化地影响学生的文学能力，使学生能够在提高文学能力的同时，启迪思想智慧。在教学过程中，传统文化的弘扬和人文精神的塑造也是通过大学语文的工具性实现的。例如，教师在带领学生进行写作练习时，学生会应用文字将自己的真情实感表达出来，鉴别假丑恶，弘扬真善美，使学生的语文综合能力得到进一步提高。

大学语文教材中的内容十分丰富，怎样才能转化为学生的能力，还需要教师在教学中对课程内容进行合理分析整理，为不同需求者提供思想文化与语言技巧的丰富内涵与取向标准。但能否顺利实现工具性所体现出的文化与技巧功能，还取决于学生本身的兴趣爱好与教师实施的方式方法。由于高校学生的语文综合能力参差不齐，传统的教学方法会按照大部分学生的学习能力进行教学，导致部分学生语文成绩得不到提高，甚至失去了学习兴趣。为了合理利用语文教材，教师需要先了解学生的语文综合实力，并使用适当的方法进行教学，引导学生进一步了解语文课程，使学生逐渐树立正确的审美意识。另外，在教学过程中，教师会对优秀作品进行重点讲解，使学生能够潜移默化地提高语文综合素养，教师在教学中有针对性地对学生进行指导，能够帮助学生感受大学语文中的美，使之有着健康的心灵，掌握生动形象的语言表达技巧，从而发挥出大学语文课程的工具性作用。同时，教师在授课时，还需要先了解教材的整体结构，并根据教学需求设计教学内容，保障教学工作能够满足不同学生的发展需求。但由于部分教师对这一工作的重视程度不够，没有丰富的教学内容，导致大学语文教材没有发挥出工具性的作用。为了改善这一现状，需要提高教师的教学水平与重视程度，并根据学生的兴趣爱好、学习情况合理设计教案，使语文教学工作达到培养全面人才的作用。

二、人文性

人文性能够体现出人类文化精神，是文化精神和价值理想的统一。人文精神是以积极的价值信仰确定生命的意义，以正确的伦理观念培育人际关系，以崇高的理性精神探索存在的规律，以自觉的公民意识参与社会事务，以坚定的文化自信传承民族传统，以高尚的审美理想创造美的世界。人文性的内涵是将真善美作为核心价值追求，推动人类文明进程发展。大部分大学语文教材在编写时将汉语言文学的发展历史、民族文化等内容融入其中，使语文具有特定的人文性。学生在学习时，能够感受到文章内容中的文化内涵，促进学生形成健全的人格品质，达到大学语文教学的目的。另外，大学语文课程内容中包括大量的历史、文化、哲学等文章，学生在学习时能够感受到中华文化的博大精深，能够满足学生的学习需求，进一步提高其语文综合能力。由于学习大学语文教材的教学对象为非中文专业的学生，部分学生对语文课程的兴趣不高，为了达到教学目标，需要教师以提高学生整体文学素养为教学目的，对学生进行诱导教学，带领学生从多角度对优秀作品进行分析，使其能够感受文学作品的魅力，并得到感悟和熏陶。例如，在设计语文教学课程时，教师可以将文本中的人文特性进行分类，如仁爱、乡愁、自然等，通过这样的方法进行分类，学生能够同时学习到不同类型的作品，并激发学生的内心情感，强化学生对主题的认知。

语文教育是指导学生学习中华文化的主要活动，语文教材在编写时为了达到素质培养的要求，按照文体结构形式进行分类。例如，徐中玉通用教材分为十二个单元，学生在学习这一教材内容时，能够快速了解不同单元的结构模式、主体内容，使单元主题结构具有人文性特点，进一步提高学习效率；夏中义版的教材以人文性为主线，将课程内容分为十六个单元，为每个单元设计一个主题，并在文章之后增加相关链接，达到丰富学生语文综合能力的目的，达到培养人文素养的目的。另外，部分教材在编写时按照文学结构进行编写分类，如彭光芒版的教材按照发展顺序进行分类，使学生在学习时能够进一步了解文史知识，由于这一形式的教材较为系统，并具有人文性，能够帮助学生了解不同时期语文的发展情况，进一步提高语文教学效率。学生在进行学习时不仅能够提高其写作、表达能力，还能够通过文学作品提升民族认同感，使其了解中华文化中的人文性。

语言作为重要的思维工具，具有五千年的历史文化，是中华儿女的根。高校教育对个人思维的发展有一定的影响，由于大学语文教材中具有人文性的特点，能够承载其他教育意义，但由于部分教师对引导学生学习民族文化的重视程度不高，导致语文教学降低了有效性。为了改变这一现状，需要教师提高重视程度，并按照教材内容、设计方式进行教学引导，进一步提高学生的民族感，使学生成长为具有民族根的人，达到开展大学语文教育的目的。另外，由于大学语文教材在编排时是按照不同类型进行整理的，能够提高学生的语文综合能力。但部分学生在学习一段时间后，会产生枯燥感，为了改变这一现状，提高语文教学的有效性，需要在教学时按教材结构合理设计课程，提高学生的学习兴趣，发挥大学语文中人文性的特点。

三、综合性

学生在高校阶段主动进行语文课程知识的学习，并成为学习的主导者与实施者，知识面不断拓宽，综合素养不断提升，这一过程能够体现出大学语文的综合性。语文学科中内容多样化的特点，使学习这一内容能够达到文化传承的目的，升华学生的精神境界。大学语文学科具有教育职能，教材内容包括文化、文学、哲学、历史、宗教等综合性内容，从文学角度对大学语文教材进行分析，能够发现其中存在大量经典文学作品，使教材内容呈现出传统文化精髓。由于中国古代的道家、儒家思想对文学有一定的影响，部分经典作品能够体现出儒家思想，进而学生在学习时，能够感受到天人合一，发挥出大学语文教材的综合性特点。另外，由于传统思想文化在今天依然具有较为重要的意义，进而在高校阶段学习语文时，能使学生接受到传统文化的熏陶感染，提升自身语文综合能力。加之教师合理使用语文教材内容，结合历史文化的拓展引领，更能体现出大学语文综合性优势。例如，在设计《乡愁》这一课程时，为了激发学生的学习兴趣，教师需要在课程中融入政治、历史、地理等方面的知识，使课程具有拓展学生思维的意义。

由于中华传统文化将人生境界与审美境界联系起来，文学作品能够传达出这一内容，高校学生在进行语文学习时，能够感受到作品的魅力，发挥出作品的优势。教师在进行课程内容讲解时，将文学作品内容含义延伸到社会生活中，达到精神文化传承的目的，发挥出语文教材综合性的意义。此外，教师在进行教学时，为了使学生进一步了解文本含义，会在讲解时引入实例，并创建相关的文学情景，提高学生的民族情感，帮助学生树立正确的人生态度，提高教学的有效性。大学语文课程具有不同的特点，并且语文教育的目的是育人，进而在进行教学设计时，需要对课程内容特点进行统一，并使用适当的方式进行教学，发挥出语文课程的综合性优势。

语文是一门综合性较强的学科，良好的文本分析能力能够提高其他课程的学习效率，直接影响其他课程的学习质量。人们生活、工作中都需要应用语文，高校学生虽然在先前学习阶段接受了12年的语文教育，但为了推动学生进一步发展,为今后的工作奠定良好的基础,需要在高校继续学习语文。历史上具有重大成就的科学家,不仅专业领域较优秀,还具有较强的文学鉴赏能力与良好的文字表达能力,保障其能够应用合适的言语表达研究成果,从而体现出语文的综合性和重要性。另外,学生在进入社会工作时,需要用语言陈述自身观点,表达自己的不同见解,可以说,学习、工作、生活方方面面语文知识无处不在,缺一不可。一个能说会写的人无论在哪个行列都会受到重用,考察一个人的综合素质少不了必要的语文知识。部分教师在教学过程中,为了提高学生的语文综合能力,在教学时将教学内容进行完善,并将其他知识内容与教材进行融合,进一步提高教学质量,体现了大学语文综合性特点。

第二节 大学语文的特点

一、知识结构的整体性

大学语文课程之间的教学要点、内容等部分存在一定的联系,并形成相对独立的体系,包含了大量的语言、文学、哲学、历史、宗教、道德等知识,这一具有系统性的教材为大学语文教材。应用这一课程设计教案、课时,能够将总体学习目标与阶段性目标联系起来,从而体现出大学语文的整体性特征。虽然大学语文教材具有不同版本,并且编者不同,教材结构划分、重点内容设计存在差异,但其知识结构整体性的特点是无法或缺的。例如,王步高版本的教材在编写时,按照文学史结构进行编写,版本中的小说部分,将文本按照时代进行划分,学生在学习时能够了解不同时段文学的发展情况、写作风格,进一步提高了学习的有效性。而且,学生在学习之后自主学习小说类型的文章时,就能够自主分析文本写作风格、写作特点等内容,提高语文鉴赏能力。另外,大学语文教材为了体现知识结构整体性的特点,在对单元进行分类时,不同单元所体现的重点内容是不同的。教师在设计教学内容时,为了体现出知识结构整体性的特点,需要根据重点部分设计教学计划。学生在自主学习时,也能够重点学习重要内容,发挥出大学语文整体性优势。但部分教材在设计时,没有将各个类型的文本综合整理,甚至部分教材的爱国主义情怀不强,难以达到培养学生爱国主义情感的目的,这是有待完善的地方。

高校阶段的语文教学时间较为灵活，可以贯穿整个高校课程体系中，虽然学生具有一定的语文学习基础，但大部分学生对语文综合知识了解不深，提升不够。为了提高教学的有效性，使教材知识结构具有整体性，大部分教材编写人员将课程内容按照结构类型进行分类，教师能够针对性地进行课程讲解。例如，在学习散文时，教师会根据教材知识结构引导学生总结散文的特点、写作手法等内容，并引导学生自主创作，达到提高学生写作能力的目的，推动语文教学工作进一步发展，达到提高学生综合能力的目的。虽然运用这样的方法进行教学能够提高教学整体性，但部分教材中缺乏主题，课文之间的联系不强，教师在进行教学工作时，需要浪费较长时间整理教学内容，降低了备课效率，因此，教材的改进仍需加大力度以实现知识结构的科学性。

　　高校学生在学习大学语文内容时，由于大多数学生为非文学专业学生，语文综合能力不强，甚至存在语文知识短缺的现象。在按照知识结构进行教学时，为了提高教学有效性，发挥知识结构的优势，教师需要在教学之前对这部分整体结构进行分析，并为课程设定主题，使学生在教学中能够了解教学重点内容，进一步提高教学有效性。另外，由于部分学生对古代文言文的学习兴趣不高，如果教材按照文学类型进行分类，会出现一段时间学生学习兴趣不高的问题。为了既避免这一问题发生，又使知识结构具有整体性，需要在课程结构设计时，将文章类型进行穿插，使一单元中既具有古代文又有现代文，调动学生的学习积极性，进一步提高教学有效性。在针对不同专业开设大学语文教学时，需要提高知识结构的整体性，并明确结构类型，根据学生的喜好进行设计，通过这样的方法设计教学内容，能够使学生转变对语文课程的态度，提高语文课程的学习积极性，促进大学语文教学工作进一步发展。

　　大学语文课程教学的主要目的是培养学生的创造性思维，在教学时，教师会引导学生积极思考，并鼓励学生提高学习积极性，提高教学有效性。在教学过程中，教师可以设计开放性答案的问题，并引导学生进行整理，进一步提高教学的有效性，促进学生思维能力的发展。

二、文选内容的经典性

　　大学语文的课程性质和学科定位，是大学语文课开设以来一直讨论的中心话题。与中学语文的区别，在高校学科系统中的地位，学生知识构成中的作用等，成为准确把握大学语文教学所要解决的问题。大学语文选文中具有的工具说、文学说、美育说、文化说、人文说、思想教育作用等功能，能够达到情感陶冶的目的，并发挥出选文的经典性。开设大学语文教育的主要目的是提高高校学生的文化素质，在其中融入大量经典选文，不仅能够满足时代发展的需求，还能够体现出时代价值与社会意义。通过这一阶段的教育，高校学生能够熟悉和掌握传统经典，达到素质教育的目标。并且高校阶段语文教学内容较为重要，能够推动学生进一步提高自身综合能力，但部分高校目前使用的教材为通用本，由于使用时间过长，其中内容大都为古代文学作品。虽然这些内容较为经典，但由于部分学生对语文学习兴致不高，教材内容难以满足学生个体学习需求，导致课堂与学生之间存在一定的距离感，降低了学生的学习兴趣。学生在学习中对小说类的作品较为感兴趣，为了提高教学的有效性，需要教师在引入经典作品的同时，融入现代优秀作品。例如，《一只特立独行的猪》较受欢迎，并且其内容能够满足教学需求，为了使教学内容保持与时俱进的状态，并提高教学有效性，可以将这一作品融入教学课程中，使教学增加趣味性，并提高教学效率。目前使用的大学语文教材中，陈洪本版教材中的古代文学比重较小，但其古文内容较为经典，能够满足学生的学习需求，因此不需要再增加这一类型的文本内容。中文专业学习的教材在设计时，侧重语言基础内容，包含大量较为冷门的知识，具有较强的专业性。

在教学改革不断推进的背景下，大学语文教学为了进一步发展，在选择教材时对选文内容进行了分类整理，并按照学生的喜好选择教学内容。例如，在对具有时代感的内容进行整理时，需要先将内容按照经典性进行分类，并将国内外优秀的文学作品融入其中，提高大学语文教材的有效性，为教学工作提供依据。在整理教学内容时，教师可以先将教学内容进行分类，并更换部分文选内容。教材部分内容虽然具有经典性，但由于难度较大，无法为学生进行系统的知识讲解，为了改善这一现状，需要优化教学内容。例如，陈洪本版的大学语文教材内容分配较为合理，其中存在较多经典文学，如《秦腔》《语言的功能障碍》等，这些既具有优秀文化传承性又能提高学生模仿能力的优秀选文具有较强的感染力，在教学时能够提高教学有效性。

由于大学语文教材编写人不同，其编写思路、编写想法存在一定的差异，在其中应用的选文经典性不同，发挥的有效性也存在差异。例如，徐中玉版的教材内容注重提高学生能力，其中的内容开放性较强，学生能够应用这一教材提高自身语文综合素养；王步高版的教材在编写时添加了脚注，对部分较难的内容进行了整理，能提高学生的阅读效率，并且由于其对语文综合能力较为重视，进而在进行教材编写时，将不同类型、不用结构的文本引入其中，并且选择的文本内容较为经典，学生在教师指导下，能够了解文本的内涵，进一步提高教学效率，使教材能够满足学生的学习需求。

由于高校学生已经接受较长时间的语文教育，且已经形成了一定的文学素养，具备文章分析能力。但高校阶段语文教育的主要目的是为进一步提高学生综合能力，教材中部分内容难以满足学生的学习需求，为了进一步提高教学的有效性，需要教师在授课之前对教材内容进行整理，并删掉部分不够经典的文本，引入能够满足教学需求的文本，提高教学质量。另外，由于部分教师的语文综合能力不强，文学积累不足以丰富教材内容，为了改变这一现状，发挥语文教材的优势，需要教师共同努力提高自身语文水平，加强教学信息反馈，改进教学方法，提高教学有效性，推动教学工作进一步发展。

三、人文精神的隐含性

高校教育具有人文素质教育的责任，进行人文教育能够使学生了解到人生的价值与自由意识。我国人文教育在发展中经历了化民成俗、转识成智的过程，并不断丰富人文精神，因而大学语文教学具有培养健全人格的目的。例如，大学语文《八声甘州》这一课程中，虽然高中语文中包含了这一课程，但高校教学中对借事抒情进行了深层次讲解，表现出了课程中的隐含性。大学语文教材对教学质量有一定的影响，但由于部分教师对课程人文性的重视程度不高，导致课程中存在古文过多、课文含义分析不深刻的问题，导致教学缺乏有效性。为了改善这一现状，发挥出课文人文精神的影响力，需要在备课时了解课文的含义，并设计教学内容。例如，为了达到提高教材整体质量，并提高学生学习兴趣的目的，需要将诗词、散文、戏曲中的人文性进行分析，并进行分类整理，使学生能够在学习中提高语文综合能力，发挥出大学语文课程的有效性。为了提高教材内容的人文精神，需要在设计时引入大量的古代文学作品，提高教材设计的有效性。大学语文课程具有基础性的特点，高校阶段需要学习这一课程的学生为理科生，其对中国历史文化了解不足，在教学时，存在难以提高学习兴趣的问题。为了改变这一现状，可以在教材中增加科技说明文，将形象思维与抽象思维有机结合，让学生增加对其他领域的了解，进一步提高教学的有效性，激发学生的学习兴趣。

　　大学语文课程能够帮助学生了解社会，为从业后的工作奠定良好的基础，因而在设计课程内容时需要选择贴近生活实际的内容，使教学具有一定的时代感。例如，教师可以在设计教案时，将生活中的人文精神实例与文本联系起来，并按照学生的个性爱好选择篇幅小内容精练的文章，在教学时教师加以引导，使学生感受人文精神中的隐含性，发挥大学语文教育的意义，提高教学有效性。在网络快速发展的今天，网络作品质量不断提高，学生对其关注度较高。为了提高学生对课堂的关注度，可以在设计教学内容时适当将网络作品融入其中，引导学生分析作品优劣，提高学生对作品人文精神的了解程度，促进学生进一步提高语文综合能力。另外，应用这一方法设计教学内容能够引导学生关注社会生活，并产生一定感悟，达到大学语文教学的目的。

　　大学语文教材在编写时存在一定的重复问题，并且部分课程内容与学生的实际学习能力不符，导致教学工作缺乏有效性。例如，部分大学语文教材中包含《锦瑟》《八声甘州》等内容，这些内容学生在高中阶段已经进行了学习。另外，由于部分教师在授课时引用的文章较类似，导致教学工作有效性不高，为了改善这一现状，需要教师日常多收集优秀文章，并在备课时引用较新的文献内容，进一步提高教学有效性，推动教学工作进一步发展。高校在选择语文教材时，需要先对学生的语文实际学习情况进行分析，并选择能够满足学生学习需求的内容，扩大应用范文的范围、类型，将教材中与高中内容相同的文章进行删减，在提高教学效率的同时提高教学有效性，进一步提高教学质量。

四、表达方式的审美性

　　大学语文教材将语言文学、文化知识进行整理，包含一定的思想文化内涵，并且大学语文课程为传播知识的载体，其结构本身与人的审美相符合，使学生能够进行情感交流。语言是人类沟通的重要工具，能够将自身的想法进行传达表述，随着中华历史的不断发展，语文课程内容不断完善，无论诗歌、散文、小说、戏曲，无论叙事论理，写景抒情，都不乏美文美句，对高校学生健全人格的塑造会产生直接的影响。并且由于大学语文的教学对象为非中文专业的学生，虽然其对教材难度需求不高，但需要更进一步提高自身的总体文化素养，为其他科目的学习理解提供基础。教师在教学过程中，需要提高引导力度，使学生能够通过学习优秀作品，提高课文审美感悟能力，并得到熏陶感悟，推动大学语文教学工作进一步发展。

语文教育是学习祖国语言的方式，这一行为具有人际交往、文化传承的意义，大学语文教育将中华五千年的历史进行了汇总。学生在学习时，不仅能够提高语言运用能力，还能够了解语言表达的审美能力，并提升民族认同感。每个国家在开展教育工作时，都将本国语言放在重要位置，使学生能够在学习时，进一步提高语言表达中的审美能力。但随着我国国际竞争力的不断提高，人们对语文教育的重视程度不断降低，甚至部分高校中的语文科目被边缘化，大学语文作为弘扬中华文化的重要途径，需要得到大众的重视，发挥出大学语文课程审美性的意义。

大学语文教材内容包括诗歌、散文、小说等形式，不同形式的文本语言表达形式存在差异，但学生在课堂中认真学习能够感受到作品中的美。在教学中，由于高校阶段的学生受过语文教育，其理解能力、学习能力较强，在教学时教师只需要应用美的规律对学生进行引导，学生能够对课文表达方式中的美进行分析，获得一定的美的享受，并逐步形成正确的语文审美能力，达到培养综合人才的目的。另外，由于高校开展语文教学的目的之一是培养学生的审美能力，因而在高校教育中，教师需要引导学生把控审美标准，帮助学生形成心灵美、高尚美的分析能力，提高高校教学的有效性。

大学语文课程的主要任务是提高学生的语文综合能力，因而教材中的内容较为丰富，作品类型较为完善，在教学时教师会丰富写作背景、作者的生平事迹等，进一步提高教学的有效性。应用这一方式进行教学工作，学生能够了解表达方式中的美，并树立正确的审美意识。由于高校具有树立健康品质的教育职能，因而在进行语文教学时，教师需要根据学生的性格特点，构建适当的教学方法，保障教学工作能够使学生形成良好的审美情趣。但由于部分学生对语文课程缺乏兴趣，甚至在课程中学习专业科目，导致其语文综合能力没有得到提升。为了改变这一现状，教师在设计教学内容时，需要在教案中融入美的形象、意境。在教学时教师需要对学生加以引导，使学生能够主动分析课文含义，帮助学生形成良好的审美能力，为学生之后的学习工作奠定良好的语言基础。

在科技不断发展的背景下，为了提高高校学生对语文学科的重视程度，需要在教学时引导学生关注社会，思考语文学习的意义，提高对语文学科的重视程度。另外,在进行教学时,为了提高学生的综合能力,需要在教学时巩固其语文知识,并带领学生进行语文知识练习,使学生能够主动感悟语文表达方式,提高学生的综合能力。在教学时,为了提高有效性,教师可以将现代科技与语文课程内容相结合,以具有趣味性的方式进行教学活动,进一步提高教学的有效性,达到大学语文教育的目的。

第三节 大学语文教学任务

一、增强母语感染力

母语是人们思维的载体,能够帮助人们进行知识的认知、问题的分析与归纳、思想的表达与信息的沟通。在高校阶段学习母语能够提高人们的语言表达能力,丰富人的内心修养,并且人们的母语水平直接影响着其思维能力和创造能力的发展,对其他语言学习也有一定的帮助。高校的母语教育目的是培养高素质语文人才,并且学校在进行语文课程教学时,需要按照教育部门的要求设计教学内容,发挥出语文学科的特点,使高校能够顺应语文教育发展需求。由于中文是我们的母语,虽然学生在进入高校阶段之前,已经学习、应用了较长时间,但大学语文教育的主要目标为提高学生的语文综合素养,因而在进行教学设计时,需要对阅读、欣赏、表达等进行科学设计,进一步提高教学有效性。但部分高校对语文教育的重视程度不够,甚至没有合理安排教学课时,导致教学工作缺乏连贯性,难以达到教学目的。由于语文课程具有一定的整体性,为了进一步提高学生的语文综合素养,需要选择合适的教学方法,培养学生的审美能力。但部分高校教师还在使用传统的教学方法,由于教学形式过于枯燥,学生的综合能力没有得到明显提高,甚至缺乏学习兴趣,难以达到增强母语感染力的教学效果。进而在大学语文学习阶段,为了完成增强母语感染力的教学任务,需要教师在设计教学内容之前了解学生的语文学习情况、学习能力,并研究课程设置、教学设计方式等内容,使教学工作具有针对性,以提高学生对语文的阅读、欣赏、理解能力,并掌握母语知识,推动学生进一步发展,进一步提高教学有效性。

由于大学语文课程具有系统化特点，学生认真学习这一内容能够进一步提高语言表达能力，使学生能够熟练应用语文知识。并且大学语文课程在教学时将培养人文精神作为目标，并以这一目的为依据选择教学文本，进一步提高教学有效性。但由于部分教师对这一工作的重视程度不高，导致教学工作的有效性不高。为了改变这一现状，需要教师在设计课程时，选择具有典范性的文本，并对学生的综合能力进行分析，合理设计能够启迪思想、道德熏陶的文本，使教学具有生动活泼的氛围，让学生对语文学习产生浓厚的兴趣，并达到增强母语感染力的作用，推动教学工作进一步发展。

由于语文教材在编写时，为了保障其既能够满足教学大纲的要求，又能达到母语教学的目的，需要教师将其中的工具性与人文性进行统一，使学生能够在适当的教学环境下提高语文综合能力，并提高对文学作品的赏析能力。但部分高校在开展语文教学时，没有合理设计教学内容，导致教学内容过于理论性，难以提高学生的综合素养，这就需要进行语文教学改革工作，进一步提高教学的整体性，增强母语感染力，促进教学工作进一步发展。另外，开展语文教学工作，能够促进学生进一步提高语文综合能力，改变部分高校专业设置厚此薄彼现象。大学语文教学中学生在学习文本之后能够形成良好的精神素养，并推动社会进步，提高综合能力。由于人们生活在汉语的环境下，并且语文科目对社会发展有一定的影响，为了使大学语文教学达到增强母语感染力的效果，需要优化教学文本内容。例如，教师可以通过社会发展、文化素质等几个方面选择文本内容，并在教学时对学生进行引导，使教学工作进一步提高有效性，提升学生对语文的欣赏能力。

二、提升艺术审美力

艺术审美力，又称艺术鉴赏力，是指人感受、评价和创造美的能力。审美感受能力指审美主体凭借自己的生活体验、艺术修养和审美趣味有意识地对审美对象进行鉴赏，从中获得美感的能力。艺术审美能力对学生的思想情操、思想情感的发展有一定的影响，并且高校学生即将面临就业问题，为了促进其进一步发展，需要合理开展语文教育工作，使教学达到提升艺术审美的效果。为了达到这一目标，需要教师合理设计教学内容，使学生具有发现美、创造美的能力。另外，由于教师具有美感教育的责任，进而在选择教材时需要按照马克思主义审美原则整理教学内容，并且由于文学家在创作作品时，会美化人物形象，学生在学习时能够逐渐形成艺术审美力，并获得美的享受。在大学语文教学中，教学工作需要发挥出语文学科中的人文性与基础性作用，提升学生的艺术审美力，推动学生全面发展。但大学语文教学使用传统方法难以提高教学有效性，为了改善这一现状，需要提高教学针对性。例如，在教学时，教师需要先对学生进行基本审美能力的培养，并根据学生的学习情况进行审美教学，使学生能够进一步提高对语言的感悟能力，从丰富的感悟中得到美的享受，提高大学语文教学的有效性。需要教师在教学时对学生进行必要引导，培养其勤于思考的习惯，为之后的学习、工作奠定良好的基础。

在大学语文教学中，为了进一步提高教学有效性，需要在教学时帮助学生沉淀知识，并提高对文章内容的理解能力，了解文本内容情感，并将文本内容进行升华。例如，在学习《声声慢》时，由于学生接受了较长时间的语文教育，因而让其独立对文本进行分析没有问题，但为了发挥大学语文教学的优势，需要从审美角度引导学生进行分析，使学生能够感受李清照的情感，并融入诗人的精神境界，使教学工作达到提升艺术审美力的效果。

教师在教授大学语文时，为了达到提升艺术审美力的目的，需要合理设计教学内容，帮助学生对作品进行感悟。例如，教师在带领学生学习《荷塘月色》这一内容时，教师需要先带领学生分析作品内容，并让学生找到作品中传达美的关键词，并感悟到美的哲理，达到美育的目的。另外，文学作品能够展现社会、思想等内容。例如，《当》这篇文章中，学生在教师的引导下能够感受文章中描写的社会状态，感受到作品中美的力量，达到教育的目的。由于写作是语文教学中的主要任务，为了进一步提高教学有效性，需要教师在教学时加强引导，使学生感受到语文中的美，并延伸到生活实际中，使大学语文教学达到提升艺术审美能力的目的。通过这样的方式进行大学语文教育，学生能够在成长中逐渐形成完善的审美能力，促进学生心理健康发展。

大学语文教材内容具有多样化的特点，并且蕴含自然、社会等方面的美，在教学时教师需要将这一内容合理分配到教学工作中，使学生循序渐进地形成审美感受，领会到作品中描写的美与丑。学生在学习时对生活实际进行分析，能够感受到提高人文素养的重要性，并发挥出大学语文教学工具性的特点，进一步提高大学语文教学的有效性。另外，学生在高校阶段接受语文教学时，需要教师在课前整理教学内容，适当选择文本内容融入现实生活中，并引导学生总结其中的美，使教学能够发挥美育的作用，提高大学语文教学的有效性。

三、优化语言表达力

大学语文，无论是叙事状物、言事说理，还是抒情言志，所选文章均为经典之作，语言运用规范而艺术，对学生语感培养很有帮助。由于语文内容具有实践性的特点，人们的日常生活离不开语文，并且随着社会的不断进步与发展，语文的应用范围不断扩大，逐渐向其他领域渗透。因此，专家学者认为语文教材具有培养语文能力的作用，在进行教材编写时，将基本功能作为出发点，注重语言的工具性与美学性特征，提高了教材编写质量。另外，为了发挥大学语文教材的教育职能，需要合理设计教学目标，使学生能够在长期学习中养成良好的学习习惯，并提高教学效果。由于培养良好的语文学习习惯需要进行不断的练习，而练习的依据为语文教材，这就需要教师应用教材带领学生进行听、说、读、写等实践活动，通过具体的语言环境锻炼学生运用语言的能力，促进学生养成良好的学习习惯。并且在教学时，为了进一步提高教学有效性，教师需要带领学生学习其他选文内容。例如，学习古诗词时，需要应用其他内容分析对仗、押韵等相关韵律知识，使学生能够提高对语文教学内容的了解，并提高语文实际运用能力。

在高校阶段进行语文教学对学生综合能力的发展有一定影响，在进行语文教学时，需要在教学之前合理设计教学内容，从学生实际能力与智力发展需要出发取舍内容。例如，教师在教学时为了达到优化学生的语言表达能力，提高教学的有效性，需要先将教学课程进行分类整理，并在教学中添加不同形式的文本，带领学生进行语言表达能力练习，进一步提高教学质量。发挥出大学语文教学的意义，需要教师在教学之前了解学生的实际学习情况，因人而异设计教学内容，达到优化语言表达力的作用，促进大学语文教学工作进一步发展。

由于语文的特点主要表现为语言表达，在进入高校阶段之后，为了能够发挥语文教学的优势，需要进行重新设计，使教学具有科学性，并能达到优化语言表达力的目的。例如，教师可以在教学之前对课程内容进行合理设计，在课程中融入诗歌、散文、小说等文本，使学生能够进一步了解文学形成的过程，在教学中教师可以带领学生进行写作、阅读训练，提升学生的人文素养与道德品格，进而提升语言使用效果。另外，在教学过程中，由于部分教师的重视程度不高，没有对课程内容进行优化设计，导致教学有效性不高，需要教师根据学生的学习情况、综合素养，进行整体教学设计。

大学语文教学中，为了达到优化语言表达力的教学目标，教师需要在教学中带领学生进行文本翻译、内容分析等工作。另外，在进行教学时，为了潜移默化地优化语言表达力，需要教师合理设计课后作业，使学生能够将课程内容与生活实际联系起来，形成良好的语文综合素养。但部分教师在进行教学设计时，对教学内容连贯性重视程度不高，需要教师在教学之前先设计教学总体构架，并按照教学要求进行引导教学，使教学具有优化语言表达力的意义。

四、激发开拓创新力

创新是一个民族的希望，是社会文明的象征，随着社会经济的不断发展，教育的创新起到了引领示范的作用。为了推动我国教育事业进一步发展，教育部制定了各级教育发展规划，对教学改革发展进行了科学规划，这一工作将推动社会经济进一步发展，进而促进人才发展，带动文化、社会发展。高校承担着创新型人才培养的重任，需要在学科教育教学中实施创新工程，以科技创新人才培养为主，对学生进行素质教育，提高教学有效性。当高校在进行语文教育时，为了使教学工作提高有效性，需要按照教育要求设计教学工作，达到培养学生创新能力的目的。在对大学语文教学进行设计时，可以应用问题教学法设计教学内容。例如，在具体教学过程中，教师可以先带领学生分析文本情感，并向学生提出与教学内容有关的问题，激发学生的创造性思维。另外，在教学中营造创新氛围能够进一步提高学生的学习积极性，并培养学生的创新能力，为之后的学习工作奠定良好的基础。

在高校阶段进行语文素质教育，能够挖掘学生的学习潜能，并使学生提高创新能力，成为全面发展型人才。高校教育的主要任务为提高学生的创新能力、实践能力，使学生能够满足时代发展的需求。为了达到这一目标，需要将培养创新能力工作放在重要位置，并整理教学内容。例如，在教学过程中，教师需要引导学生思考解决问题的方法，使学生能够形成创造环境和解决问题的能力，推动学生形成完善的人格，达到素质教育的目的。在大学语文教学时，为了进一步提高创新能力，需要教师使用新的教学手段、教学方法进行教学工作。为了全面提高综合素养，需要提高人文艺术知识，了解思想家的智慧、人文知识、自然景物等内容，促进学生思维能力的发展。另外，大学语文课程内容形式具有多样化的特点，并且形式类型较为丰富，学生在学习时，能够形成较为完善的形象思维，提高教学有效性，并激发开拓创新力。

大学语文教学中，由于学生的创新能力存在差异，导致教学工作难以稳定运行。为了改善这一现状，需要教师在教学时引导学生分析作者的思维成果，并以作者的思维方式进行思考，提高教学的有效性。另外，为了使教学达到激发开拓创新能力的目的，需要教师在教学之前对文本内容进行全方位审视，并将自身作为发现者、研究者了解文章内涵，在教学时教师需要带领学生进行课程内涵分析工作，潜移默化地影响学生的思维能力，进一步提高教学的有效性。教师在设计教案之前对学生的实际学习情况进行分析，并选择合适的文本引入教学中，带领学生分析教材中思想情感，逐渐形成较为完善的课程内容，使学生提高学习兴趣，并激发开拓创新力，达到大学语文教学的目的，推动学生进一步提高语文综合素养。在教学中，教师在教学时需要按照相关教学标准、课改需求设计教学形式，推动教学工作进一步完善，并达到激发学生开拓创新能力的目的。

五、丰富人文知识素养

人文素养中的"人文"，可以作为"人文科学"进行分析（如政治学、经济学、法学、社会学、伦理道德等），而"素养"是由"能力要素"和"精神要素"组合而成的，进而可以了解人文素养即为人文科学的研究能力、知识水平和人文科学体现出来的以人为中心的精神，即人文知识对人的熏陶感染经过个人内化升华后所表现出来的人格、气质及修养。大学语文教育是我国民族文化的载体，高校学生通过学习，可以陶冶情操、感悟人生、丰富感情、完善人格，促进人文素养的形成与发展。

由于高校学生是推动社会发展的重要力量，为了提高教学工作的有效性，需要对大学语文教学工作进行优化，把教学重点放在学生人格、气质、修养的培养上，并通过优秀作品潜移默化地影响学生的个人素养，形成良好的个人品质，为今后工作、学习奠定良好的基础。但由于教材版本不同，其中的结构设计存在一定的差异，需要教师在设计教学内容时注重中华优秀传统文化的传播，并将这一内容与教学工作进行有机融合，使学生能够在语文学习中形成相对稳定的内在品格，激发学生的爱国情怀。例如，高校可以定期开展教学讨论会议，教师共同对教学内容进行整理，并在其中融入适当的传统文化；在教学时教师可以为学生多讲解一些经典的文学名著，开阔学生视野，提高教学效率，使大学语文教学具有丰富人文知识素养的意义。

由于教学氛围对学生学习的积极性有一定的影响,为了进一步提高教学科学性,需要教师在设计教学内容时将文学、哲学、历史、宗教、文化、思想道德等内容融入其中,并对教学结构进行优化调整,使教学工作具有培养学生道德素养的目的,并在潜移默化中提高学生的民族自尊心和文化自豪感。部分古代文学作品具有较高的精神品格和理想,为了使教学工作达到丰富人文知识素养的目的,需要在教学中加强古代文学的教学,因为非中文专业学生的古代汉语知识相对欠缺。例如,在教学中教师可以将《典论论文》《左传襄公二十四年》等具有高尚理想的文学作品融入教学工作中,进一步提高教学效率,发挥出大学语文教学开展的意义。现代文学中同样有许多人文素养极高的文学家,如鲁迅、郭沫若、茅盾、巴金、老舍、曹禺等,他们的作品是人文素养教育不可多得的典范。还有部分当代作品展示了社会中的矛盾与人文知识,因而为了丰富教学内容需要教师在设计教学内容时将这部分文学作品融入其中,使学生在学习时能够进一步提高人文知识素养能力。

由于高校阶段进行语文教学工作具有德育功能,学生能够通过相关文本了解文章中的价值观、人生观等,教师在这一阶段可以对学生进行适当引导,使其树立正确的信念,形成丰富的精神世界。实践证明,空洞的政治说教是苍白无力的,潜移默化的精神感化犹如春风化雨、润物无声。另外,在教学中为了发挥出丰富人文知识素养的作用,需要针对性地选择教材内容。例如,教师可以选择《离骚》《苏武传》等内容对学生进行爱国主义教育,学生在接受教育之后能够丰富人文知识素养,并促进其提高道德修养。并且由于大学语文教材具有理想情操教育的能力,在教学中教师选择适当的内容能够帮助学生树立正确的人生观,并提高为人处世能力。高校阶段的语文教学还需要对学生进行语文基础教育,提高学生的语文综合能力,但由于部分高校教师对这一工作的重视程度不高,甚至没有合理设计教学内容,导致教学工作难以丰富人文知识素养。为了改善这一现状,需要教师合理选择文本内容,并帮助学生自主思考自身的不足,弥补缺陷,扎实基础,完善知识,提高素质。

第四节　大学语文教学的基本理念

所谓理念,是指人们观察问题、分析问题和解决问题所依据的原理和观念,或者说是原则和准则。语文教学理念就是语文教学活动的指导思想和行为准则。

《语文课程标准》中关于语文课程的基本理念有四个方面的要求：一是要全面提高学生的语文素养，二是要正确把握语文教育的特点，三是要积极倡导自主、合作、探究的学习方式，四是要努力建设开放而有活力的语文课程。根据这四点要求，我们把语文教学的理念概括为三句话：人文关怀是语文教学的最高价值追求，个性发展是语文教学的根本指针，回归生活是语文教学的必然途径。

一、语文教育的人文关怀

　　语文教育要促进个体的身心和谐发展，要使个体的发展过程获得精神价值和人生意义。也就是说，个体通过在语言上的学习和训练，文学上的熏陶和习染，不仅要获得各种知识和技能，还要体验到各种深刻的人类情感，唤起自身的主体意识，从而追问人生的意义，探询人生的道路，形成独特的人生态度。我们把语文教育的这种功能称为语文教育的人文关怀。

　　语文教育目标是整个基础教育目标的有机组成部分，对于培养德智体美劳全面发展的社会主义建设者和接班人具有重要的导向作用。语文作为一种兼具人文性和工具性的综合性学科，在人的发展过程中起着决定作用。同其他学科相比，语文教育除了要完成一般学科必须共同承担的智育任务之外，还要密切关注审美教育、人生观教育与人格教育，并以此作为自己的最高价值追求。语文学科这种人文关怀的功能是标示其学科独特性的根本要素，也是语文教育目标的最高追求。我们把语文教育的人文关怀功能提到这么高的位置，一方面取决于对语文学科性质的深刻洞察，另一方面又取决于对人的最终发展目标的深刻认识。人的发展的最高境界是精神上的自由和解放、人格上的完善与独立，而所有为此目的所进行的知识的学习、技能的训练、能力的获得及社会生活的实践等工具性行为都必须服从这一最高目的。要实现人作为发展手段的工具价值到作为发展目的的精神价值的飞跃，必须通过人文教育的洗礼。在现行基础教育体制中，语文教育只有自觉承担起人文教育这一历史使命，把人文教育贯穿到整个语文教育过程中去，关注人的精神世界的构建和人格的养成，才能为人的全面发展开辟道路。

（一）语文教育的人文精神价值

　　人文精神不是徜徉流溢在语文教育本体之外的美丽动人的幻影，而是发自语文文本之中的人性之光。它飘忽不定、难以捉摸，是因为它只对那些敏感睿智、关注内心精神生活的心灵展现自己的魅力。它至刚至大、吐纳宇宙，是因为它超然于万物之上，寄身于纯真、至善、完美之境。

语文教育的人文价值，从静态的文本分析来看，文学与人生的关系是它的集中体现。

吴宓教授指出，哲学是汽化的人生，诗是液化的人生，小说是固化的人生，戏剧是爆炸的人生。文学与人生这种水乳交融、血肉一体的内在联系，使文学成为人生的另一种存在。尽管它不是社会现实自身，却比社会现实更加真实、深刻、感人。人们更多的是从文学艺术创作这面镜子中发现并认识了人自身，因此，文学就是人学。

文学把人的精神不断地引向光明和崇高，是文学在维护着人类那脆弱的社会良知和道德心，也是文学在不断地拓展着感性人生的丰富性与多元性，捍卫着人类理性的尊严和纯洁。因此，语文教育一定要重视文学作品的人文教育价值，把语文教育从工具中心论中解救出来，还其人文教育本来面目。

语文教育的人文价值，从动态教学过程来看，其人文性主要体现在师生关系的民主性、文本解读的多元性、写作训练的生活化上。只有以民主化的师生关系作为教学前提，才能充分激发调动师生两方面的积极性，使语文教学充满生命的张力，从而对文本展开开放性、多元化、个性化的阐释，释放出文学作品中深层的人性力量，引发情感上的共鸣，启迪思想上的解悟。

（二）语文教育目标的人文追求

语文教育成为人文精神之载体。因此，人文关怀理应成为语文教育之鹄的。语文教育目标是一个有机的整体，按现在比较流行的观点来看，它由德育目标、智育目标、美育目标三部分构成，而这三个目标之内又有更细致的分目标。人文关怀同它们之间是一种什么关系呢？这是我们应该解决的根本性问题。

人文关怀作为语文教育的最高目标，它不等同于技术操作层面的教学要求，而是着眼于语文教育根本性的价值导向。也就是说，人文关怀与现行的语文教育目标体系不属于同一层面的问题。前者植根于语文教育本体论，后者立足于语文教育方法论；前者制约语文教育的根本价值取向，后者决定语文教育实践的进程与开展。因此，人文关怀不可能以技术化、操作化的方式单独起作用，它只能以精神导引的方式进入语文教育目标体系，通过影响语文教育目标系统的内在调节与协作间接地发挥作用。

坚持语文教育的人文精神的价值取向，那么，语文教育的德育目标除了重视传统的政治品质、思想品质、道德品质、个性心理品质等发展目标之外，还要关注人的主体性发展、人格的完善、精神生活的和谐。在智育目标上，除了重视传统的知识、能力、智力发展之外，还要注意智力与非智力因素的协调发展、情感陶冶与生命体验。在美育目标上，除了重视传统的审美知识、审美能力的发展目标之外，还要尊重个体的审美经验、审美感受，激励个体的审美想象、审美创造以及倡导对人生的审美观照、对人格的审美塑造。也就是说，人文关怀是一切语文教育手段与工具的灵魂，人的精神发展是所有操作性目标的最终归宿。

语文教育人文关怀目标不是空洞的口号，它既具有悠久的精神价值传统，又具有生动具体的时代内涵。作为一种优良的文化传统，它孕育了生生不息的人类文明；作为一种新兴的社会思潮，它发出了振聋发聩的时代呼声。吴宓提出的文学教育八个方面的作用，可以作为传统语文教育人文关怀目标的历史性总结：涵养心性、培植道德，通晓人情、洞悉世事，表现国民性，增长爱国心，确定政策，转移风俗，造成大同世界，促进真正文明。面对21世纪风起云涌的社会变革，人文精神的时代风貌也将经历时代性变换。

（三）人文意蕴的开掘

语文教育中人文价值目标的最终实现取决于语文教育实践的正确走向。从语文教育过程的展开来看，选择文质兼美的教材，加强语文教学过程的审美性，立足现实生活激发学生的自我表现与表达，是开掘语文教育人文价值的有效途径。是否符合文质兼美的标准，是制约语文教育人文关怀目标实现与否的关键因素。选文是否具有深刻的思想文化内涵、广阔的文学视野、浓郁的人文情怀，直接决定着语文教育人文性的深度、广度和力度。桃李不言，下自成蹊。文质兼美的选文作为人文精神最好的寄寓之所，对于培养学生的人文精神具有本源性决定作用。

我们认为，文质兼美应包含以下几层基本含义。

1. 文道兼美，一多并举

我们不仅要求选文的思想内容与语言表达做到有机统一，还要求选文在思想内容上具有深刻的文化意义、人文意蕴和审美价值，在语言表达上生动准确、隽永晓畅、富有个性。这样的文道观对于语文教材的选文标准才具有真正的实际意义。

文道兼美的选文标准,并不意味着把文道关系限定在狭窄的意识形态、伦理道德和正统文论的域界,而应该一多并举。从"道"的标准来讲,"一"指的是教材选文应体现人类所崇尚的以真善美为代表的终极精神价值,"多"指的是选文要体现人类思想文化的丰富性、多元性、开放性。我们应以一种博大的文化胸襟和高远的发展眼光来看待文章的思想文化内涵,切忌鼠目寸光、意识狭窄。在选文中,既要有传统的政治伦理教化内容,还要有体现人类普遍的精神价值追求的内容;既要有以明道为旨归的皇皇之论,还要有抒发个人性灵的小品佳作。从"文"的标准来看,"一"指的是选文的语言表达,必须规范、准确,具有代表性、示范性,思想内涵必须源于生活、积极向上;"多"则是强调语言艺术特色的多样化、个性化和风格化,文化内容的开放化、立体化、层次化。唯其文思泉涌、灿烂其华,方能风行水上、自然成文、行而广远,也只有放眼宇宙,博采万物之精华,才能广开眼界、启人心智、有益身心。

2. 内外兼顾,和谐统一

教材选文,作为语言学习与文化陶冶范本,应具有内外两个方面的价值,或曰本体价值与工具价值,即精神陶冶价值和语言教育价值。只有做到这两种价值的有机统一,才能体现文质兼美的全面要求。选文的语言教育价值体现在对学生听说读写等基本语文能力的培养上,而精神陶冶价值则立足于学生的精神发展、人格完善上。这两者是相辅相成、互为依存的。因为,从文章本身的统一性来看,语言因素与思想因素是水乳交融、不可分割的。没有思想的语言,表达没有实际意义,脱离了语言轨道,人的思想同样难以表达。从学生语文学习过程的综合性、复杂性来看,学生的语言发展同学生的思维发展、思想成熟、精神成长有内在统一性。它们之间相互影响、相互作用,和谐共存、共同发展。脱离开思想教育、精神陶冶的语言训练会使语文教育变得枯燥乏味、机械生硬;而脱离语言训练的思想教育同样会把语文教育变成迂阔的道德说教、政治灌输。因此,选文的这两种价值标准不可偏颇,应当兼顾。

3. 兼顾选文内外价值的和谐统一

除了独具慧眼外,还要具备科学的编辑加工能力。选文的编排、教材体例的选择、语文知识的穿插、课后作业的设计等环节,都应该体现选文内外教育价值的统一。既要避免唯知识智能训练为中心,也要防止唯主题思想分析推理至上。教材的编辑加工向来不被重视,只被看作一种技术性的工作。其实这是一种错误的看法。它是展开语文教育价值、实现语文教育目标的重要途径，它需要以正确的哲学观、教育观、心理观为指导，以语文教育的内在规律、师生相互作用的互动模式作为依据，并要对语文知识掌握、能力发展与精神发展的内在统一关系有深刻的洞察与理解。它既需要有哲学的眼光，又需要有科学的程序，还需要有艺术的手法。从选文到编排，从封面到插图，从设计到印刷，所有步骤都关系到教材的质量和生命。因此，文质兼美不只是一种对文本的内在要求，还是一种指导具体编辑工作的根本原则。

4. 开放思维，审美观照

人文精神从某种意义上讲又可以理解为人类对真善美孜孜不倦的价值追求。因为真善美代表了人类精神的最高境界。这种追求不仅包括对知识形态的科学、道德、美学领域的探索，它还指向人类在获取这些知识的过程中所孕育滋生出来的科学精神、道德意识和审美体验。其中，审美体验不仅具有相对独立的价值意蕴，还是科学精神与道德意识所追求的最高境界。美存在于自然之中，而科学的发现，不仅指向知识，还要关注审美体验。在道德与审美的关系上，审美同样是道德境界的需求。古人强调"文以载道""文以明道"，其用意也在于此。只有把抽象的道德规范和理念渗透到由文学语言所塑造的美好的道德理想人格形象中，才能使个体获得道德实践的驱动力。审美是沟通知识和德行的桥梁，是培植人文精神的必由之路。语文教育要走向人文关怀，就必须通过开掘隐含在文本中的真善美精神价值以唤醒激励学生的求知、向善、爱美之心，通过审美教育塑造他们的人文精神。

5. 语文教育的审美观照，尤以阅读教学为重

语文阅读活动中的审美教育是美学在阅读活动中的具体应用。它的任务和作用是按照美的规律，用美的信息去激发、引导阅读活动的主体——学生的审美心理和情感，培养学生符合人类崇高理想的审美意识，帮助学生获得健美的心灵和高尚的审美情趣，使他们在开放的语文阅读活动过程中逐步形成正确的审美观念和健康的审美品质，把握辨真伪、识善恶、分美丑的正确的审美，提高学生的审美素质和审美能力，以培养全面发展的人。语文阅读活动与审美教育有着难解难分、血脉相承的特别关系。加强审美教育有助于提高语文阅读质量，深化语文阅读效果。语文教材编选的课文，大都是依照美的法则创造出来的"文质兼美"的典范佳作，是集中反映社会、艺术、科学、语言等客观美的结晶。文章精美的语言，展示出崇高的美的艺术境界；而好的艺术境界本身，

又丰富并加强了语言的艺术表现力。在阅读活动中，一方面可以抓住精彩传神的关键性字词语句，把学生引进它所展示的优美境界，使他们在美的艺术享受中受到熏陶，提高审美能力；另一方面，又可以抓住令人心灵颤动的意象、情境和形象，引导学生反转过来深入体味、领悟文章中高超的语言艺术技巧，提高运用语言表情达意的能力。语文教师要充分利用文章的美学意境，创设审美情境，善于敏锐地发现文章中的美点，揭示深蕴其中的审美情趣；要善于借助审美意象，启发学生的审美想象，根据文本的特点设计审美议题，以诱发学生的审美体验；还要确定审美目标，指导学生展开审美鉴赏活动。调动各种手段，把学生引入美的艺术境界，诱发学生联想探求，观察体验，既对学生进行了审美教育，又把审美教育和语文阅读活动有机地交融在一起，使学生深入理解课文，提高了阅读效果和质量。在这种活动中，教师要从各种不同的审美角度、不同的审美层面引导学生深入地分析和理解。这样既可以使学生受到审美教育，又有助于学生对课文从表层性的体味感知到深层性的领悟理解。

二、语文教育的个性发展

（一）语文教育个性发展的内涵

人的发展核心是个性的和谐发展。语文教育在学生良好个性的形成与发展中扮演着主导性角色。传统语文教育在这方面存在着一定的缺陷，没有认识到语文教育对个性培养的重要意义，在教育理念和实践中都陷入了机械化的教育模式，过分追求语文教育的应试价值，忽视了语文教育在个性培养方面的积极作用。

1. 个性是完整的，创造力、想象力等品质是个性健全发展的表现

把一个人在体力、智力、情绪、伦理各方面的因素综合起来，使他成为一个完善的人，这就是对教育基本目的的一个广义的界说。因此，个性是道德、体力、智力、审美意识、敏感性、精神价值等品质的综合，是一种"复合体"，即一个个完整的人，不能把某一种或某几种品质从完整的人分离出来孤立地培养。所以，为了培养人的想象力和创造性，应首先培养"自由的人"，这应该向大学生提供一切可能的美学、艺术、体育、科学、文化和社会方面的发现和实验机会，而不应该局限于短视的功利需求。

2. 个性是独立的、具体的、特殊的

尽管个性发展离不开与他人交往，但每一个个性都首先具有内在的独立性。每一个人都有其独特的发展史，因此每一个人都是具体的、特殊的、活生生的。

每个人都有自己的历史，这个历史是不能和任何别人的历史混淆的。每个人都有自己的个性，这种个性随着年龄的增长而越来越被一个由许多因素组成的复合体所决定。这个复合体是由生物的、生理的、地理的、社会的、经济的、文化的和职业的因素所组成的。

3. 个性发展是一个无止境的完善过程

人和其他生物的一个重要区别是人的"未完成性"，即是说人的生存是一个无止境的完善过程和学习过程。终身学习不只是社会要求，还有着个性发展的内在需求。由此看来，追求学习者的个性发展是世界教育改革或课程变革的重要趋势。从本原上看，每一个性都是完整的，亦是独立的、具体的、特殊的。因此，培养个性应尊重个性的完整性、独立性。个性发展内在包含了社会性，因此个性的成长是在生活中、在持续的社会交往中进行的。个性发展是无止境的完善过程，因此终身学习应成为每一个人的内在需求。在我国，当代教育改革也在20世纪80年代后期把个性培养列为教育的主题与使命之一。把发展人的个性作为教育的培养目标，因为教育在今天只有赢得了个性和个性发展，才能赢得未来。个性教育，就是真正的、具体的、独特的人的教育，就是使一个生物意义上的实体不仅获得社会性、文化性，更是获得自身独特性、自我确认性的过程。因此，语文教育凭借其自身的人文学科优势理应成为个性教育的核心，发挥中流砥柱的作用。

（二）语文个性教育的作用

1. 语文个性教育的价值追求

语文个性教育的价值观是语文教育功能观的直接反映。汉语文教育有其独特的功能和价值，其功能和价值又具有多层次复合性。

功利本位与人文本位是最能概括当前各种对立观点的一对范畴。功利本位论强调把语文教育的功利性放在首要地位，把学生对汉语的听说读写水平和能力作为语文教育追求的根本目的，突出语文教育的工具价值。在此前提下，他们一般不反对语文教育的人文价值，甚至十分强调语文教育的教化作用。人文本位论则认为语文教育的最大功用在于教化，最大价值在于弘扬人类和民族的优秀文化传统和人文精神，培养学生健全的人格。在此前提下，他们一般也不反对语文教育的工具追求和工具价值，甚至认为人类精神传递的前提是对语言文字工具的掌握。

汉语文教育的特点决定了汉语文教育的功能绝非单功能，而是复合功能。所谓复合功能，就是将语文教育的各种功能有机地整合为一体的功能。汉语文教育的复合功能由两大类要素组成，即由工具性要素和人文性要素组成为复合功能球形图，两类要素组合不存在孰先孰后、孰上孰下的问题。

工具性要素的主要内涵是听说读写、知识方法、思维，人文要素的主要内涵是情思、审美、历史文化。工具性要素和人文性要素之所以能够合二为一，关键在于中介要素的作用，中介要素就是汉字和汉文，其作用就是语文教育过程。通过汉字汉语的教育，使要素之内涵发生联动和整合，使两大类要素产生有机连接和整合。汉语文教育的复合功能是一个有机的开放的组合系统，是一种弹性机制，它在信息交换过程中不断地做出自己的选择和应对，系统也会因此发生相应的变化。汉语文教育的复合功能铸就了我国民族文化特性，发挥了全面综合的素质教育作用。汉语文的复合功能观念对语文个性教育价值观的构建起了决定性的作用。语文个性教育的核心就是要通过语文教育促进学生的个性和谐健康发展。它打破了以往单功能观的狭隘视野，把语文教育置于一个更为广阔互动的历史文化背景之中，突出强调了语文功利性价值与人文性价值之间互为依存、相辅相成的血脉一体的内在联系，从而为人的个性发展铺就了一条更为切实、明确、广远的通道。

语文教育的多功能整合观很好地协调了语文教育的工具性价值和人文性价值、内在价值与外在价值，把个性教育与社会需求有机地结合起来，这对于培养符合社会需要的良好个性品质起到了积极的促进作用。因此，多功能复合的语文教育价值观是语文个性教育的重要理论基石，在当代具有重要的现实意义。在21世纪，语文个性教育的价值追求表现在受教育者的素质规格上就是要重视个人的自由发展，尤其是人格的健康成长。这一点具有世界性、终极性意义。通过教育，尤其是以人文性为核心特征的语文教育，重塑现代人的人格精神，是促使社会和个人协调发展、可持续发展的重要基础。

2.语文个性教育在个体人格的塑造方面应发挥积极作用

通过对自身的人文价值、文化底蕴、思想内涵的充分释放和展开，为个体的精神发展、人格形成创设一个良好的成长环境。语文个性教育在人格塑造方面要坚持以下三方面的价值追求。

第一，重塑人格基础，由关注知识技能转向关注个性整体发展，并主要关注精神世界的构建。语文教育要重塑人格的基础，必须正视这一现实，努力扭转这种不良局面与风气，重新把语文教育的重心放在对个性人格的塑造与培养上。要实现语文教育的根本价值，促进个性的和谐发展与人格的健康成长，必须做到两个转变。从理论上要转变对语文教育本体价值的认识，树立起牢固的多功能复合价值观，真正理解汉语文本体的质的规定性对语文教育多功能复合价值观的内在的决定作用。在实践上要处理好语文知识技能掌握与文学熏陶、精神启迪、审美体验等隐性因素的关系，使前后两种因素相互联系、相互支持、相互转化。一方面把语文知识、技能因素融入个体精神活动、人格意识、行为模式的整体中去，使其有所附加；另一方面，则把个体的精神世界建构在牢固的语文知识技能之上，为个性的发展打下坚实的语文基础和文化根底。

第二，重塑人格形成机制，由关注教学目标转向关注教育目的，将人文关怀贯彻到教学实践中去。现在的语文教学过分追求教学目标的细目化、可操作性、确定性、完整性等行为性标准，相对忽视了情感性、体验性、审美性、情境性等隐性目标。这种目标教学的偏颇在应试教育模式中表现得尤其突出，忽视了学生的主动性和创造性。我们知道，语文教育的目的着眼于个性的全面和谐发展，尤其是个体人格与精神的发展。它是整个语文教育的立足点，也是归宿，对于具体的教学实践具有终极性的决定意义与规范价值。语文教学目标则是为了便于实践操作而从教育目的中分化出来，它对加强语文教学的程序性、规范化具有实际的指导作用。但是，这并不意味着在教学实践中按部就班地完成了各种具体的教学目标就能够达到教育目的的要求。按照教学系统论的观点，教育目的的内涵要高于各种具体教学目标。因此，个体个性的自由、充分发展，精神世界的积极构建，要以教学目标的实现为基础和媒介，又要超越其上，对其进行积极转化、扬弃和提升，使其获得个性的特征、人格的意义。各种语文教学目标所规定的知识、技能、思想、文化等学习内容，必须通过个体自我意识的同化，顺应的整合、行为模式的内化与外现的转化，才可能真正变成个性的有机组成部分。这一过程的实现，一方面要以各种具体语文教学目标的实现为前提，另一方面又要借助特定的教育环境，通过个体的自我教育、自我发展、自我提升来实现。教育环境除了包括课堂学习，更重要的是心理氛围、情景诱导、教师的人格魅力及教学活动的潜在影响等隐性因素。因此，语文教育要重塑人格养成机制,必须标本兼治、内外双修,为个性的和谐发展创设良好的教育环境。

第三,重塑人格境界,由"功利人生"的定位提升到"审美人生"的设计。应试教育以其功利主义价值取向为主,忽视了语文教育的审美价值,把文学教育驱逐出语文课堂。语文教育要重塑人格境界,必须加强审美教育。因为只有审美教育,才能为个性的精神世界创造一个超越功利的自由发展空间,才能使个体认识到人生就是一件弥足珍贵的艺术品,从而唤醒他们热爱美、向往美、创造美的美好情感。因此,语文教育只有成为审美教育的过程,才可能充分释放汉语言文字及文学作品中的美感,把学生的精神引向纯净、高尚、理想之境。

(三)语文个性教育的实践走向

语文个性教育价值观的确立为语文个性教育实践指明了方向。语文教育在教学实践中应始终坚持以个性的和谐发展、人格的健康成长为指针。个性的发展、人格的形成是多方面、多层次、多方位的,其中创造性是核心因素。从某种意义上说,个性教育就是创新教育或创造性教育。我们知道,个性独特性是个性得以确立的根本依据,个性教育就是要立足于客观存在的学生的个别差异性,通过因材施教,充分调动每一个学生的积极性、主动性、创造性,让每个人都体会到成功的快乐,体验到作为学习主体的自主感、成就感,从而释放每个人的学习热情和创造能量,培养出个性鲜明、朝气蓬勃、积极进取、勇于创新的社会主体。只有承认学生的个性差异和客观事物的多元性,才能真正培养学生的创造性。因此,个性教育必定是创新教育,而创新教育又是促进个性发展的关键因素。语文教育多功能复合价值观决定了语文创新教育内涵的丰富性、多元性。一方面,作为工具学科,语文教育对培养学生独特的个人语言表达能力、语言风格具有促进作用;另一方面,作为人文学科,语文教育对培养学生独特的人格精神、审美意趣、道德素养又具有重要意义。因此,语文个性教育的创造性就是要培养学生的良好语感、独特的语言风格、语文思维创造性以及积极向上的创造性人格。

1.语感教学与语言风格的养成

一个人的语言往往就是他的精神世界的表征。尤其是以文字为表达手段的书面语,更能较系统、全面、深刻地反映一个人的文化修养、价值取向、审美趣味以及精神追求。而语言风格又是标示一个人语言独特性的重要因素,它是一个人的符号化外貌。语言风格的形成有赖于个体语言的积累与语感生成,良好语感的获得是形成个人语言风格的根本前提。因此,语感教育是语文创新教育的重要内容。

2. 语感的性质及语感教学

什么是语感？语感是一种修养，是在长期的规范语言应用和训练中养成的一种对语言文字（包括口头语言、书面语言）比较直接、迅速、灵敏的领会和感悟能力。它具有敏锐性、直觉性、完整性、联想性、体验性。语感虽然具有模糊性、会意性等非理性化的特点，但可以将它做科学的、辩证的分解，分项确定其训练目标。从大处看，语感可以分为听感、说感、读感、写感。从语文理解的过程及方式的角度来看，一个人的语感能力可以分解为相互关联的两种判断力：一是对语言对象在语言知识方面的判断能力，包括语音感、语义感、语法感和语气感，这是直觉性语感；二是对语言对象在内容上真伪是非与形式上美丑的判断能力，它包括思想观念、情感意志、人格状态、审美鉴赏等，这是理解性语感。老一代语文学家把语感和语感教学看作是语文教学的本质和核心，是语文教学的最终目的。

3. 语感训练的途径和方法

语感之"感"源于所感之"语"。它是客观语言对象对人的语言器官长期雕琢、不断积淀的结果。因此，要培养准确、敏捷的语感必须注重语言的积累，加强语感的实践训练。

第一，培养学生对字词的感受力。要做到有效的语言积累，就要多看多记。多看，既看生活，又看书本。多记，就是要在理解的基础上背诵一定数量的名篇佳作。

第二，强调诵读。

第三，凭借生活经验获取语感。

第四，依靠对语言行为意义的感知。语感实际上是经由言语、通过言语又超越言语去感受语言使用者的内心情感和他的思维。

语感分析训练是提高语言感受力、加强语言意象积累的重要手段。语感的分析侧重是在对文本整体感性理解与把握的基础上，针对某些具有文学解读意味的句子或词语进行深层次的理性分析。语感分析最大的难点是把握语言的隐含信息、语言的自我表达。语言的自我表达能力是语文教学所要培养的重要技能，它集中体现了个体的语言个性、创造性和独特风格。

语言表达能力的培养不仅仅是一种简单的技能训练，它同个性的思想发展、精神成长、人格追求是紧密相关的。促进语言表达能力的发展,必须从促进个性精神和谐发展入手。自我表现是个性精神发展的一个重要方面,它对个体的语言表达能力的发展起决定性作用。激励学生勇于表现自我,敢于发表自己的见解,抒发自我的生活感悟,这是提高个体语言表达能力的重要原则。

(四)语文思维创造性培养

语文能力的核心是思维能力,思维能力的最高层次是创造性思维。创造性思维是一种具有开创意义的高智能的思维活动。它既具有一般的思维基本性质,又具有自身的独创性、突破性和新颖性。

语文学科作为基础教育中的基础学科,对培养学生的创新意识和创造能力具有决定性的意义。这也是深化语文教育改革、实施语文素质教育、实现语文教育个性化的关键。培养学生创造性思维能力的途径和方法主要有:

1. 立足个性差异,培养求异思维

由于每个学生先天遗传特质和后天所受的教育及经历不同,心理发展又不处于同一水平,思维能力便有较大的差异。所以,发展学生的创新能力,就必须承认学生的个性差异和客观事物的多元性。传统的语文教学往往忽视学生的个性差异,按照一种整齐划一的僵化模式对待个性迥异的学生。这不仅损害了学生的自主性和积极性,也抹杀了他们的创造欲望。因此,加强语文个性教育,就必须积极培养学生的求异思维,发展学生的个性,鼓励他们创造。

2. 深挖教材内蕴,积极诱导启发

学生作为学习的主体,对同一篇文章的感受是不同的。"一千个读者心目中就有一千个哈姆雷特。"因此,教学切忌求同过多,而应尽量引导学生用发散眼光,立体地、全方位地审视文章的立意、题材、结构和语言,尽可能激发学生去感受体味、大胆想象,形成自己的独特见解。教师只有用全新的、多角度的眼光分析教材,才能开阔学生的视野,使他们运用与众不同的思维方式对问题进行分析、比较、抽象和概括。我们应鼓励学生去思考、去发现,从而在潜移默化中提高自己的鉴赏力、创造力。

3. 激发求知兴趣,鼓励创新精神

创造性思维能力的培养,是以激发求知兴趣为前提的。《论语》中有"不愤不启,不悱不发"的启发性教学原则。语文教学应坚持启发性原则,提问设疑,强烈刺激学生的学习情绪,活跃思维,使学生振奋起来,产生积极探求新知的欲望。激发学生的学习兴趣，关键在于精心设疑。问题是创新之源，疑问是探究思索的动因。在语文教学中，基础知识训练、阅读和写作等均可通过精心设疑来激发学生的学习兴趣和创新精神。

4.丰富想象能力，捕捉直觉灵感

直觉思维是人脑对事物及其本质和规律做出迅速的识别、敏锐的观察、直接的理解和整体判断的思维过程，它是构成创造性思维活动的必要因素，培养创造性思维能力，就必须加强直觉思维能力的培养。

一要通过阅读教学，发展学生的想象能力。二要加强朗读和进行语感训练。汉语重语言主体的心理因素，强调直观感受。这种直观感受正是直觉思维力强的表现。加强朗读，进行语感训练，正是凭借着阅读活动的经验直觉对言语做出敏锐感受，从而瞬时性地感知和领悟言语，是培养直觉体味语言的重要途径之一。三要创设情境，触发创新灵感。创设情境是触发创新灵感的有效手段。生活展示、实物演示、表演体会、音乐暗示等手段都是触发灵感的重要手段。在语文教学中应注意发挥这些因素的作用。

（五）创造性人格的养成

语文创新教育不仅仅是语文创新能力的培养问题，创新人才培养的最核心问题其实是自由精神的培植、创造性人格的养成。创造性与其说是一种能力，毋宁说是一种精神气质、人格倾向。自由精神是一个人创造力的灵魂，它体现在教育管理者、教师与学生三个层面。创新教育不仅要求学生做好知识、技能及思想上的准备，还要求教育管理者和教师具有开放的意识、民主的管理、勇于探索的精神，使创造性成为教育的一种自觉的价值追求。培养创造性的关键是教师要站在学术的前沿，切实了解社会的发展及学生发展的需要，灵活多变地调整自己的教学计划与教学设计，以激发学生的创造力为旨归。教师要通过设置特定的问题情境，让学生感受问题的现实挑战，诱发他们克服困难的内驱力、意志力和人格信念，从而使创新教育与人格的发展联系起来。

语文个性教育要通过语言载体，充分挖掘依附其中的人文精神、价值意蕴，去引导学生求真、求善、求美，培植其主体性，鼓励其自由创造精神，真正把创造性教育与个性的人格发展融合起来，使创造教育获得持久稳定的内驱力。

三、语文教学的生活归属

面对信息社会、知识经济时代挑战的教育使命，课程脱离生活世界，学生缺乏承担社会义务的态度和参与社会实践的能力的现实，国内外一系列课程改革呼吁，把教育回归生活世界、培养社会实践能力作为强调的重点之一。

终身教育的宗旨是"四种基本学习"（"四个知识支柱"）：学会认知、学会做事、学会共同生活、学会生存。

传统教育过分倚重"学会认知"，然而教育新概念应谋求"这四个'知识支柱'中的每一个应得到同等重视"，谋求这四者的整合。这四个支柱中，"学会做事""学会共同生活""学会生存"集中体现了教育、课程回归生活世界的发展取向。"学会做事"绝不只是熟练某些操作技能、学会某些重复不变的实践方法。

"学会做事"意味着要特别重视发展处理人际关系的能力，也就是说，"人格智力"在知识经济时代具有特别重要的意义。"学会共同生活、学会与他人一起生活"，是信息社会对教育的又一挑战，因为日益发展的信息技术既便于人与人的交往，但也可能造成"地球村"里人的孤独和疏离。因此，教育应采取两种相互补充的方法，既要教学生逐步"发现他人"，懂得人类的多样性和差异性，又要通过从事一些社会公益活动帮助学生寻找人类的共同基础。当人们"学会做事""学会共同生活"的时候，就能够在人类社会生活中"学会生存"。

教育在社会生活中的主体地位，指出"教育处于社会的核心位置"。认为教育是与家庭生活、社区环境、职业界、个人生活、社会传媒融为一体的，但教育并非被动适应纷繁复杂、良莠并蓄的社会生活，而要对社会进行主体参与式回归，要通过培养每个人的判断能力而对社会进行批判与超越。由此看来，回归生活世界是课程变革的重要趋势。回归生活世界的课程在目标上意味着培养在生活世界中会生存的人，即会做事、会与他人共同生活的人。

这种人既具有健全发展的自主性，善于自知，又具有健全发展的社会性，善于发现他人。回归生活世界的课程在内容上意味着要突破狭隘的科学世界的束缚，除了科学以外，艺术、道德、个人世界、自由的日常交往都是重要的课程资源，这些资源在教育价值上丝毫不亚于科学，而且只有当科学与这些资源整合起来的时候,它才能在走向"完善的人"的心路历程上发挥作用。要具有一种"课程生态学"的视野,寻求学校课程、家庭课程、社区课程之间的内在整合。

(一)语文教学必须贴近生活

语文是最重要的交际工具。语文是工具性极强的基础学科。它既是人们交际的工具、学习的工具、生活的工具,还是人类文化的重要组成部分、文明程度的标志、历史文化的结晶。在当代信息社会,语文能力已成为一个人获取、加工、输出信息,进行思维创新的重要工具。语文教学必须贴近生活,这是由社会生活所具有的独特的语文教育作用所决定的。

首先,丰富多彩的社会生活是语文课文的源头活水。语文课在学生面前打开了现实生活的一扇窗口,通过它的选择和过滤,学生可以自由地观察这个千变万化的世界,洞察生活的秘密,领悟人生的真谛。所以,生活是语文的来源,是学生学习的内容,语文教育不应忽视学生的自主发展对社会生活的内在需求。

其次,现实生活为学生的语言交际活动提供了直接经验的情境和基本的发展动力。儿童最初的语言能力是从现实生活中习得的。语言能力在某种程度上可以说就是一种基本的生活能力。现实生活为学生言语交往设置了特定的对话情境,激发了交流欲望,使学生的言语交流能够获得一种持续稳定的内驱力。在生活中学生所进行的这种语言上的交流深刻地反映了个体语言学习的内在规律:语言学习需要特定的情境来提供背景信息的支持以创造交流的可能性;同时,语言交流又必须是有所指的、定向的,交流的动力来自某种生活情境而产生的思想和思维上的碰撞或冲突。正是现实生活中所存在的各种矛盾、冲突和问题,才引发了学生语言交流的动机,促进了其思想的发展以及语言水平的提高。

所以,语文教学要重视生活情境在教学过程中的暗示、激励作用,为语言能力的发展铺设一个坚实的生活基础。

最后,语文的工具性决定了语文教学的生活化方向。语言作为理解工具,不仅为个体与个体之间的思想情感交流创造了可能,提供了手段,而且在个体与历史、个体与传统之间架起了一座沟通的桥梁,个体通过它把历史与文化灌注进自己的精神生活和生命意识之中。历史和传统之所以能够进入当代并影响个人生活,就是由于语言的作用。

语文教育既要满足个体生活的工具性需要,又要关注个体精神生活的发展,在生活中沟通历史传统与现实,探索理想的人生价值,构建生命的终极意义。

所以，语文教育必须贴近生活，关注生活。

（二）语文教学必须植根生活

学生语言学习的规律表现在三个方面：一是语言的发展与思维的发展紧密相连、相辅相成，而思维的发展起源于动作与活动，是一种经验的建构过程；二是语言的习得必须借助特定的生活情境，语言能力不是一种抽象的形式，它必须包含实质性的生活经验与价值体验；三是语言的学习是实践性的，它的途径不应局限于课堂教学，而应面向生活实际，因为生活的变化对语言学习具有实质性影响。这三个基本规律，基本上体现了语文教学与生活之间的密切联系。

语言学习必须借助一定的生活情境，才能进行积极有效的思想沟通。语言学习之所以需要一定的情境，是因为情境能创造语言交流的可能性，还可以提供语言交流所必需的背景信息；此外，它又构成了语言交流的动力基础。学生掌握语言的过程其实是一种心理图式不断建构的过程，这种建构需要特定的生活情境提供发生的契机。在特定情境的诱发和激励下，个体才可能形成一定的问题意识和思维定向，促进思维的发生和发展。思维的过程其实就是概念的运算过程。因为生活情境变动不居，个体的思维活动就会处于不断的适应与调整状态。思维的适应与调整的过程，就是内部言语不断地生成、转化、运作、发展的过程。

从生活的发展变化对语言学习的影响来看，语文教学必须联系现实生活，使学生的语言发展获得源头活水，变得生气勃勃。语言系统相对于社会生活，是一个相对静止的封闭的系统。社会生活不断发展，尤其是现代信息社会瞬息万变，必然对语言系统产生重要的影响，促使其做出相应反应、调整和变化。除了语言学习自身的规律要求语文教学要生活化外，在语文教学中学生对各种文化知识的掌握、对价值观念的习得、对精神世界的探究等方面都要求学生具有深厚的生活经验作为基础。因为生活经验不仅提供了各种学习的初步的感性知识基础，还孕育了学习的直接兴趣与心理动力，培植了学生基本的生活态度与价值观念。因此，生活化是语文教育走向深入的必然选择。

（三）语文教学必须聚焦生活

语文学科课程向生活化发展的方向，应该由原来的重视语文知识的教学转向对语文能力的培养，特别是对生活实践中运用语言能力的培养，这是编写语文教科书应掌握的重要原则。语文教材通过广泛取材，兼收并蓄，沙中淘金，成为社会生活的聚焦、人生智慧的结晶。在编写语文学科教材时，应充分拓展语文教材的生活价值、发展价值，处理好以下几个关系。

1. 处理好语文知识序列、个体心理发展序列和个体生活序列的关系

理想的语文教材应该是语文知识序列、个体心理发展序列与个体生活序列的有机统一。三者之间应是相互渗透、相互促进、相辅相成的关系。也就是说，语文教材的编写既要考虑语文知识的系统性、逻辑性和完整性，又要考虑学生心理发展的阶段性、递进性、反复性，还要考虑学生实际生活的需要与社会生活的需要。

语文教育的一个根本任务就是要发展学生的语文能力，而学生语文能力的发展是认知能力，尤其是与思维能力的发展紧密相连的。而个体思维能力的发展又具有普遍的序列性和规律性，即要经历动作思维、形象思维与抽象思维的过程。因此，学生语文能力的发展也必然具有一个基本序列，这个序列理应成为我们设置语文知识与技能阶段性目标的依据，成为不同学段语文教材选文的标准。另外，学生的实际生活经验对语文的学习具有重要影响，不同年龄阶段的学生具有不同的亚文化特征，往往形成不同的生活经验序列。

我们应以学生的心理发展序列为基础，以学生的实际生活序列为指导，以语文知识的可接受性为标准，以语文能力的发展为目标，设计生活化的语文教材。

2. 要处理好阅读、写作与生活的关系

阅读和写作并不是一一对应的线性因果关系，而是由量变到质变的过程。阅读是学生感知、吸收、消化并理解语言材料的过程，它是写作的必要准备。因此要提高学生的写作能力，就必须扩高校学生的阅读量，开阔学生的视野，使学生积累大量的语言材料，获得丰富的语感刺激，形成一定的思维能力。写作不仅需要学生的阅读能力，它还需要以个体的生活感悟作为触媒或催化剂。否则，语言就失去了生命力与创造性，写作就会陷入痛苦的技术制作之中。学生只有通过对生活的独到观察，切身体悟，深刻反思，才可能激活头脑中已有的知识经验、事物形象和语言材料，才可能文思泉涌、下笔千言、一气呵成。因此，语文教材一方面要扩大信息量，加大阅读的力度；另一方面又要设计一些引导学生观察社会、体验生活、思考人生的课堂语文活动，以激发学生写作的欲望，创造学生写作的契机。

3. 要处理好语文知识学习与语文能力发展的关系

语文课程生活化，意味着要在语文知识与语文能力之间架构生活化的桥梁，

使语文知识的学习为语文生活能力的发展服务。学生语文能力的发展并不是单纯地由语文知识转化而来的，它还要借助个体的生活经验、语言交际的经验以及模仿他人语言的学习经验等多方面的因素的支持和作用才可能获得发展。因此，语文课程生活化要在坚持语文知识基础地位的同时，加强对语文能力的训练，突出语文生活经验对语文能力发展的重要作用。

第五节 大学语文教学方法的变革

一、语文教学方法的引进

引进，是语文教学方法变革的一条途径。十多年来，我国语文教学学习域外语文教学经验，引进了不少教学方法。

（一）发现教学法

"发现"的本意是指找到前人没有找到过的事物和规律。作为一种教学方法，它是美国心理学家布鲁纳所创。按照他的解释，"发现不限于那种寻求人类尚未知晓的事物的行为，正确地说，发现包括用自己的头脑亲自获得知识的一切形式"。发现法是教师提供适合学生学习程度的教材，引导学生自己探索，发现问题，寻找答案，得出结论的教学方法。它可以激发学生的学习兴趣，获得长久保持而又便于迁移的知识，培养钻研精神和创造能力。在语文教学中，发现法又称"问题教学法"或"设卡法"。

运用发现教学法的一般步骤：一是设问，即创设问题的情境，使学生内心产生矛盾，主动提出要求解决的问题。二是假设，即由学生利用自己已有的知识，利用教师提供的材料，提出解答问题的合理假设，探索解决问题的途径。三是验证，即让学生从理论上或实践中检验自己的假设。四是总结，得出共同的结论。

发现法在引进过程中得到改造，逐步成为适应各地教学实践的大学语文教学方法。比如，由发现法衍生的"引导发现法"采用如下五个步骤：一是准备，教师引导学生明确探索的目标、意义、途径、方法等；二是初探，根据既定的目标和途径，引导学生通过阅读、观察、思考等学习实践活动，主动概括出知识规律，寻求问题的答案；三是交流，教师组织引导学生交流初探成果，对于有争论的问题进行深入讨论；四是总结，学生整理知识使之系统化，教师对学生小结进行评价和修正，使之进一步掌握知识的内在联系；五是运用，学生通过各种形式的练习，完成有一定难度的任务，验证巩固知识，增强运用知识解决实际问题的能力。

（二）SQ3R 学习法

SQ3R 学习法又称"查、问、读、记、复习法"或"五步阅读法""五段学习法"，是一种引导学生进行自学的读书方法，始创于美国艾奥瓦高校。SQ3R 系五个英语单词的缩写，代表了阅读过程的五个步骤：纵览（Scan）—发问（Question）—阅读（Read）—背诵（Recite）—复习（Review）。第一步全面浏览，对所学内容做框架式的大体了解，即对所学材料，从内容提要、目录、序言到大小标题、图表、注释等，先粗略地看一遍。第二步略读，着重读物的主要内容（包括重点和难点），并提出问题。第三步带着问题深入阅读，可以圈点、画线或写提示性批语，还可以做笔记。第四步回忆复述，即合上书本，对各部分提出问题予以解答，回忆各个章节要点，巩固学习内容。第五步复习巩固。这种学习方法，在运用时学得比较扎实，适用于需要记忆和深刻理解的精读和必读材料，但它费时较多，对于只需一般了解的略读材料不宜采用。

这种学习方法引进我国，不但适用于学生自学读书，而且经过移植，可以适用于阅读教学中的精读课文教学，加上教师的启发引导，改造成具有师生双边活动特征的"五步自学指导法"，即定向浏览—略读质疑—深读理解—回忆解答—复习小结。

（三）科学扫描法

科学扫描法又称"速读法"或"扫读法"，指在有限时间内尽快地、有目的地、有效地阅读文字材料，并获取所需信息的方法，主要原理是采取科学视读法，减少眼停的次数、时间和回视，扩大视读广度，达到提高阅读速度的目的。

它突破了按字词句读书的习惯，而是一行一行、一块一块地扫视；采用掠读和寻读相结合的方式，略去一般性文字，发现重要内容，则减慢速度，按行跑读，遇到关键处，再逐字逐句细细品味。据现代结构语言学统计，通常文章的一般性内容约占全篇的75%，而要点只占25%。据研究，一般文章的组织结构，大体可分七个部分：一是名称，二是作者，三是导语，四是一般内容，五是事实、数据、公式之类，六是新奇之点，七是争议之点。速读就像雷达跟踪目标，敏捷地抓住文章中的六、七两点，而将其他略去。这样单刀直入、直取精髓的读书方法，可用较少的时间赢得较大的阅读量。和一般性阅读相比，科学扫描法的一般指标是速度高一倍，理解系数达50%。作为一种读书方法，科学扫描法需要加强训练，主要方式有：一是遮盖扫描。读完一行，就用纸片遮盖这一行，以减少回视，增加眼停的视读广度。二是限量扫描。即限时读完一定数量的文字。三是计时扫描。计算阅读一篇材料所需的时间，再做一些检测理解力的练习题，测定扫描效果，如此多次检测比较，及时反馈。四是块面扫描。编好与横行竖排字数相同的块面阅读材料，让学生一次读一个块面，要求眼脑直映，养成快读习惯，逐步扩大块面字数，以增进每次眼停的视读广度、阅读速度和理解力。五是狭条扫描。目光在书页字行的狭窄区间移动，视线不仅集中于一页材料每行文字的中心，而且投向这狭窄长条的所有文字。六是直线扫描。视线在每行文字的中线垂直往下移读，要求一次眼停看一行字，常用于阅读报刊。七是顺序扫描。将一篇文章的上述七个部分作为阅读的目的任务，依次扫描搜寻。八是机器训练。采用速示器、速读器等机械装置辅助训练，以加快眼动或扩大视读广度，提高扫描速度。

引进的教学方法还可以列举一些，比如问题教学法、暗示教学法、快乐教学法、范例教学法、图表教学法、利用图书馆学习法等。

三、语文教学方法的发展

语文教学方法是语文教学动态系统中的一个动态要素，它本身就是一个动态的子系统，是不断运动变化的。语文教学设计应当探寻语文教学方法运动变化的规律，把握它的发展趋向，遵循它的发展途径，做语文教改的"弄潮儿"，将语文教学方法改革推向前进。

（一）语文教学方法的发展趋向

纵观国内外语文教学方法变革的历史经验和现实状况，在今后较长一段时期，语文教学方法的发展趋向主要表现为三大特征。

1. 主导主体有机结合

语文教学方法是教法和学法的有机统一。随着一个时期处于支配地位的教学论思想的更替，教学过程理论和教学方法理论也相应变更。一时主张教师中心，以教法的灌注为主；一时提倡儿童中心，以学生的自动为主。这种变更，古今中外几百年乃至几千年来，已经发生过数次。"读史使人明智"，历史的经验促人警醒。"经过一番否定之否定后，我们才有主导、主体辩证统一的教学观。"语文教学必须坚持教师为主导、学生为主体，语文教学方法应当体现这种主导主体的有机结合。

2. 知识能力同步教学

语文教学过程是一个传授知识、培养能力的过程。语文教学方法既是知识传授法，也是能力训练法。传统的教学理论注重知识的传授而忽视能力的培养；现代教学论的某些新观点片面强调能力的培养，有意无意地否定了知识的功能，走向另一个极端。我们需要用基本事实的知识来发展和增进每个学习者的思考力，"而正确的知识必须和技能，即运用知识的技巧结合起来"。语文教学方法必须有利于知识和能力两种教学的同步进行。近年国外出现"第三程度"的理论，即学生掌握知识和运用知识，按深度分为三种程度：第一程度是掌握信息，第二程度是具有运用知识的技能技巧，第三程度是善于创造性活动。像发现法、问题教学法、范例教学法、暗示教学法等新的教学方法便是以实现第三程度为目的。我国语文教学方法的改革，应当瞄准国际教育科学理论的新水平。一个学生只有掌握了牢固的知识，具备了较强的能力，才有可能进行创造性活动。

3. 认知个性和谐发展

认知指学生的认识能力，也就是智力；个性指学生的个性心理，即非智力因素。智力和非智力因素的和谐发展，实际上就是人的全面发展教育思想的体现，已经逐步成为教育理论工作者和实践工作者的共识。苏霍姆林斯基提出："作为全面发展的理想的个性是和谐的，没有和谐的教育工作就不可能达到和谐的发展。"赞科夫则认为："这里所说的达到更高的发展水平，不仅指智力发展，而且指一般发展。所谓一般发展，就是不仅发展学生的智力，而且发展情感、意志品质、性格和集体主义思想。"对语文学习来说，观察、记忆、联想、思维、想象等智力因素，是学生学习的操作系统；而动机、兴趣、习惯、情感、意志等非智力因素，则是学生学习的动力系统。两者的和谐发展，才能全面促进学生的语文学习。

（二）语文教学方法的发展途径

叶圣陶先生指出要把学生教好，必须有好的教学方法。好的教学方法从哪儿来？来源无非两个："一是向别人学，一是自己通过实践，摸索得来。"学习和摸索，可以求得语文教学方法的发展。

1. 批判继承，推陈出新

语文教学方法具有继承性和创造性，这是语文教学方法的基本特征之一。今天的教学方法大多是从古人或前人手中继承过来的。不用说讲授、诵读、议论等常规教学方法的基本做法承继了自孔夫子到叶圣陶两千余年教学方法的衣钵，就是创新或引进的新教法，追根溯源，从中也可窥见沿袭的影子。比如，比较教学法是现代著名幼儿教育家陈鹤琴先生提出并在幼儿园教学中起过重要作用的。

这种批判继承的过程、扬弃的过程，便是推陈出新，便是创造，便是发展。对于过去的教学方法，凡是合理的成分，比如启发式的，结合教学实际的，有利于传授知识、培养能力、开发智力、陶冶情操的做法，予以肯定和吸收；凡是不合理的成分，比如注入式的，脱离教学实际的，不利于传授知识、培养能力、开发智力、陶冶情操的做法，则予以否定和剔除。任何全盘否定和全盘肯定的态度都是不科学的。语文教学方法要发展，就要充分发掘我国教学方法的历史积淀，正确地扬弃，注入时代的生机和活力，创造出更新的更有成效的教学方法来。

2. 优化组合，避短扬长

具有多样性和综合性，是语文教学方法的又一基本特征。语文教学方法的这一基本特征，也为它自身的发展开拓了无限广阔的天地。优化组合，是语文教学方法发展的重要途径。这种优化组合，也就是语文教师的创造。如果说继承传统和借鉴外国是"向别人学"，那么这种优化组合便是"自己通过实践，摸索得来"，"二者都重要，但是有主次之分，自己摸索得来比向别人学更重要。"

"教亦多术矣，运用在乎人，孰善孰寡效，贵能验诸身。"任何具体的语文教学方法都不是"万应灵丹"，都必须接受实践的检验而决定弃取。

第二章 生态学与大学语文教育建构

第一节 生态学视域下的大学语文教育研究

一、文献综述

（一）教育生态学的研究综述

生态学不仅是一种生物学的研究学科，也是一种可广泛运用于各种学科的思维方法。它既是人类认识的结果，又是人类以此进行再认识的工具。而教育则是一个复合生态系统，用生态的思维和方法来研究教育领域的问题，是一种新兴但非常有价值的学术趋势。美国学者麦茜特认为生态学就是普遍联系的学科，"生态学的前提是自然界所有的东西是联系在一起的"。德国学者汉斯·萨克塞提出"生态哲学研究的是广泛的关联"。比利时生态学家丘文奥则认为，生态学是一种观点，一种特殊的方法。大卫·格里芬的有机整体论指出"世界是一个网络，整体与部分、部分与部分之间相互包含"。生态学家奥德姆的"整体论思想"，作为一种新的整体性研究方法，给其他学科提供了从生态角度进行研究的基础。余谋昌教授曾说过："用生态学观点分析与生命有关的社会现象、社会问题，已越来越受到学术界的重视。"教育生态学自20世纪60年代在美国诞生以来，发展得非常迅速。一般认为，"教育生态学"这一术语是美国哥伦比亚大学师范学院院长克雷明于1976年首先提出的。国外教育生态研究的兴旺时期是20世纪70年代，产生了各具特色的研究方向。例如，英国学者埃格尔斯顿研究教育的资源分布，费恩、坦纳和沙利文则致力于教育与环境的关系。20世纪80年代和90年代，各类研究范围更广课题也更深入，也是从这个时候开始课程论将生态观与课程研究结合起来。华盛顿大学的古德莱德研究的是微观的学校生态学,高夫提出了"课程范式的更新"问题,教育生态学家鲍尔斯对宏观的教育、文化、生态危机等教育生态问题和微观的课堂生态问题都进行了深入的研究。对教育生态学研究对象的认识问题,其实国外很多学者的观点并不一致,但《美英教育生态学研究述评》认为:"都比较侧重于教育生态因子生态学、微观教育生态学和宏观教育生态学研究,也都比较强调生态学的基本精神:整体、联系、平衡、发展。"

南京师范大学的吴鼎福教授最早开始研究教育生态,20世纪80年代末吴教授发表了两篇比较重要的文章,分别是《教育生态学刍议》和《教育生态的基本规律初探》,1990年他又与诸文蔚共同撰写了生态学专著《教育生态学》。后来,任凯与白燕以及范国睿分别于1992年和2000年出版了《教育生态学》专著,从不同的角度论述了教育生态的问题。这三本专著名称类似,但有不同的侧重点。吴鼎福教授具有深厚的生态学知识基础,因此偏重于将生态学原理移植运用于教育问题,特别是在文中较多引入了生态学的相关理论和术语,使得著作呈现出较为强烈的生态学特点,淡化了教育学的分析和研究特色。任凯和白燕的《教育生态学》则相对较少涉及对生态学原理的演绎,而是主要倡导将生态学的原理和方法看作研究教育现象和问题的角度与工具,落脚点还是教育学。范国睿的《教育生态学》则与我国的教育实际联系更紧密,不再大量套用生态学概念,而是侧重于分析我国的"文化、人口、教育资源、学校分布、学校环境、课堂环境等因素对教育的影响"。

虽然起步晚,但我国的教育生态学发展的步伐越来越快。进入21世纪以后,教育生态的研究开始逐步增多。从中国学术文献网络出版总库中搜索从1994到现在有关的研究论文已达14494篇,仅博士学位论文就有304篇。尤其2000年以后,教育生态受到越来越多的关注,也说明了教育生态学研究已在我国教育研究领域站稳了脚跟,开始蓬勃发展起来。

(二)大学语文教育研究综述

自从20世纪70年代末高校重开大学语文课以来,大学语文理论研究的成绩已经不少。在各类学术期刊上发表的论文,能够检索到的已有6000多篇;全国大学语文研究会年会自1980年开始,每两年召开一次并将会议的交流论文结集出版;广东、浙江、湖北和江苏等各省市也有一些大学语文研究分会。另外还有南开大学和高等教育出版社合作编著的论文集等,再加上在"大学语文研究"等各类大学语文精品课网站上的论文,这个数量就不可胜数了。综观国内对大学语文的研究，课程性质与定位、教材建设、教学策略三个方面是最普遍受到大家青睐的焦点。因为没有统一的课标，加上语文学科本身性质还有争议，大学语文的性质问题比较突出，是大家研究的重点之一。南开大学的陈洪教授曾说："目前开展大学语文教育还遇到一个困难，甚至是尴尬之处，就是其学科归属问题。"大学语文教材的数量众多和良莠不齐，也成为大家的研究热点。陈香的《大学语文教材"复兴运动"》统计出2007年就已经有大学语文教材两千多种。目前唯一的大学语文博士学位论文就是南开大学李君的《大学语文教材研究（1978—2008）》。关于教学策略的研究就更多了，研究方法多样，研究对象也较为广泛，提出的策略更是百花齐放。将生态哲学与语文研究相结合，是目前一种较新的视角。有比较宏观层面的生态语文建构，也有微观层面的语文课堂教学。例如：山东师范大学张玲2005年硕士学位论文《生态化语文教学初探》认为语文教育应是生存教育，进行生态化语文教学应具备的新理念有生存教学观、交往教学观和整体教学观；湖南师范大学王姣青2005年硕士学位论文《语文课堂教学生态的理论与实践》认为"语文课堂教学生态原则要尊重语文特有的学习规律，尊重学生的学习需要，尊重社会发展对语文提出的要求，注重生活化、多样化、民主化、个性化"；山东师范大学杨士荣2005年硕士学位论文《语文新课程生态课堂教学探索》提出，"依据新课程理念，语文生态课堂就是在弥漫、充盈着生机与智慧的教学情境中，教师、学生、文本各自绽放生命姿态，三者和谐共处，自由对话、交流，对知识和精神生命获得一种整体状态，师生真正焕发生命活力的课堂"；曲阜师范大学的马爱芹在2007年硕士学位论文《语文课堂教学生态初探》中从生态学和系统论的观点出发，"把语文课堂教学看作一个整体，用生态的眼光来审视语文课堂教学，树立一种诗意化的和谐理念，使语文课堂教学走向健康的可持续发展之路"；广西师范大学钟兴2007年的硕士学位论文《生态课程观照下的语文课程研究》则系统提出了生态课程观应包括："强调开放、生成的课程本质观，全面生态发展与素质提升的课程目标观，形式多样、价值多维、整合的课程内容观，创生、建构的课程实施观，注重过程、差异性的课程评价观。"

除了硕士学位论文，也有不少期刊论文，例如《优化课堂生态环境实施语文有效教学》（王优，齐齐哈尔师范高等专科学校学报）、《语文学习生态初探》（陆云，广西教育学院学报）、《新课标理念下的语文教育生态关怀》[李亚英，上饶师范学院学报(社会科学版)]等。这些研究主要是将生态哲学运用到语文教育当中，将语文教学看作一个整体的系统，教师、学生、教材等生态因子在系统中相互联系、相互制约，并且动态生成。这些论文研究角度不同，深浅有别，提法上也有差异，比如"生态语文课堂""生态化语文教学""语文课堂教学生态"等，不一而论。但相对来说，研究范围还不够广，基础教育关注较多；研究力度还不够深，理论基础较为薄弱；研究的实际操作性不强，提出的教学策略较为零散。而有些研究则干脆淡化了语文学科的独特性，呈现出仅仅把生态哲学与普通基础学科教育相结合的态势。通过"生态"与"语文"的组合搜索，在万方数据库中有4934篇，从2005年开始增幅较大，2011年开始直线上升。而将生态与大学语文相关联的论文，精确匹配的仅16篇，稍有关联的也只有57篇，且均为期刊论文，发表时间都在2006—2013年。其中《大学语文教材应营造良好的人文生态环境》[张皓江，汉大学学报（人文科学版）]，认为大学语文教材应该鲜明地体现出人文关怀与生态关爱；《试论大学语文课程教育的生命意义》（徐国辉），提出把大学生生命的整体发展与人文素养的提高有机结合起来；《生态语文课堂教学中教师角色定位——探讨大学语文课堂教学有效性之途径》（全秀，黑河学刊），设想通过构建生态语文课堂，重新建立师生关系，重新定位教师的角色，实现师生和谐统一发展；《"生态化"视角下的大学语文课堂》[王海英，内蒙古师范大学学报（教育科学版）]，"从'生态化'的视角透视大学语文教学，认识课堂中的环境及其各个要素之间的关系，并分析、归纳其中的课堂教学方法和规律"；《生态教育理念下的大学语文课程》[石娟，河北理工大学学报（社会科学版）]则"从大学语文课程引导学生尊重自然、引导学生体会脉搏的跳动、引导学生找到精神回归之路三个方面进行论证，以此印证大学语文课程与生态教育理念的契合"。

这些论文中，有关注宏观教育理念的，也有聚焦微观教学策略的，在研究法上也逐渐从宏观分析走向具体领域的考察、从理论研究走向具体的实践分析，为优化我国大学语文教育生态系统提供了一些有效途径。但大多数研究者在内容上都侧重于大学语文教育系统与生态环境的关系研究，或者停留在论述构建和谐平衡的大学语文教育生态系统的重要性上，深度不够、范围不广。且在生态哲学、生态系统观这些理论问题上普遍呈现出蜻蜓点水，将生态学理念套用在大学语文课程上，并没有从历史沿革、内在属性和系统建构上说清楚大学语文教育与生态的关系。

二、核心概念界定

（一）大学语文教育

虽然目前俗称"大学语文"，但调研中我们发现面对非中文专业学生开设的汉语言文字课程并不一定都称为"大学语文"，有的叫"应用文基础"，有的叫"现代汉语文化"。因此，这里的大学语文教育并不仅仅特指"大学语文"课，而是泛指面向非中文专业学生开设的母语高等教育，包括以"大学语文"为核心的一系列课程。

首先，大学语文是面向非中文专业的，与一般的中文专业教育的差别在于其知识结构与教学过程的普及性、综合性和实践性。普及性，是大学语文的对象是广泛的，指面向中文学科之外的所有学科进行语文教育；综合性，是指大学语文不是中文各个二级专业的简单组合，而是涵盖语言与文学、中国与外国、传统与现代的精华和浓缩；实践性，指大学语文不强调对某一方面的精深理论研究，而是通过综合素养的提高实现更熟练精准的应用和实践。其次，本节认为大学语文不仅仅指一门课程，而是一系列课程。有的学者提出"要使大学语文从课程向学科进行转化"，这种观点也达成了一定的共识。由一门课程转为一个学科，是专业确立的最基本过程。而学科成熟的重要标志是一套比较系统的课程体系的建立。因此，大学语文教育需要以大学语文课程为骨干，并开发设置一系列的汉语言文字知识课、文学熏陶审美课、听说读写实践课和文化历史普及课。

（二）生态学视域下的大学语文教育

1. 生态与生态学

"生态"，就是一定空间内生存的所有动植物之间、动植物与其所处环境之间的相互关系。生态一词最早是自然科学家亨利·索瑞提出来的，德国生物学家恩斯特·海克尔则最早提出生态学的概念，日本三好学与将其译为"生态学"，最后武汉大学张挺又将其介绍到我国。

生态学，是指研究生物之间及生物与环境之间相互关系的科学，也就是研究生态的学科。生态学中比较基础的几个概念是生态系统、生态平衡和生态位。

生态系统，是指"在一定空间内生物与环境构成的自然、开放的生态学基本单位，其中各种生命现象之间在生存过程中相互竞争、相互作用、相互依存，形成健康有序的状态"。

生态平衡，是指"一定时间内生态系统中的生物与环境之间、生物各个种群之间通过能量流动物质循环和信息传递，使他们相互间达到高度适应、协调和统一的状态"。生态系统从本质上说是一种动态，在失衡与平衡之间不断运动的"活态"。

生态位，是指物种在生物群落中的时间、空间位置以及功能地位。生态位的概念和理论，可以在人类的多种社会生活领域找到相关的契合点，因此"借用生态位概念来加以描述和考察，会变得简捷便利"。

2. 教育生态学

美国教育学家沃勒1932年的《教学社会学》在教育研究领域第一次正式使用"生态学"这一术语。阿什比则第一次把生态学的理论和方法运用到了高等教育研究领域，他在《英国、印度和非洲的大学：高等教育生态学研究》中提出了"高等教育生态学"这一概念。

教育生态学，指的是借用和融合生态学的相关原理，如生态系统和生态平衡、生态位等概念和理论，观察和分析教育系统内部的结构和内部要素之间、要素与环境之间的关系和相互作用，从而研究各种教育现象及其成因，发现和把握教育发展规律，以最终找到教育生态结构的最佳途径和方法，揭示教育发展趋势和方向的学科。建构科学的教育生态系统是21世纪人类教育的中心课题。

教育生态系统，由"人—教育—环境"构成，充满适应与发展、平衡与失衡、共生与竞争的特殊社会生态系统。教育生态系统中，结构复杂，多层次多形态，宏观微观互相渗透、纵向横向互相交错、动态静态互相结合。

教育生态因子，是指教育生态环境中对教育的存在、发展有直接或间接影响的要素。教育生态系统中有诸多教育生态因子，它们是教育系统中最具生机的活力要素，这些因子之间不是孤立存在的，而是不断影响彼此、作用彼此，在这个影响作用的运动过程中"形成稳定的生态结构，并发挥生物集合体的特殊功能"。

教育生态平衡，是指教育系统的综合平衡，系统中的生态因子各自运行高效、功能优异，生态因子与社会环境之间能够达到良好协同、可持续发展。维持教育生态平衡是教育发展的关键所在。但是，教育系统中任何一个因子的变化,不管是过于突出还是明显落后,整个教育生态系统的平衡都有可能被打破。例如教育系统的信息流不顺畅,会造成教育观念难以更新、教学方式方法难以变革。

教育生态位,宏观上来说,是教育生态系统在整个社会大系统中的位置,以及教育生态系统与其他系统的关系;微观上来说,也包括教育生态大系统中,某个子系统所处的位置,及与其他子系统的关系。生态位理论对指导教育系统的定位与发展具有普适性意义。根据生态位原理,在教育生态与不同生态的群体之间,或者教育大系统内部的子系统之间,或者同一子系统内部不同生态群体之间,既能够相互促进,也可能相互竞争。这种竞争共生的过程是不断变化的,能够指导教育生态的优化,也就是说教育生态位是可以调整和改变的,但调整与改变生态位的前提是知己知彼。这里还有几个容易混淆的概念需要澄清:生态教育、教育生态、生态课程。

生态教育指的是"以生态意识培养、生态道德建设和生态知识普及为目标的教育,使受众形成生态自然观、生态世界观、生态伦理观、生态价值观、可持续发展观和生态文明观,最终实现人类、社会、自然的和谐发展"。生态教育的内容是将生态意识和理论、知识和文化、技术等,渗透在各个学科课程当中去实现,其落脚点是宣传生态意识的教育。

教育生态则是将教育看作一个复合的生态系统,在生态哲学视域下所呈现出来的教育状态和模式,包括教育的个体生态、教育的种群生态、教育的群体生态、教育的生态系统及其结构等。教育生态研究是结合教育实践和教育研究的特点,在教育学和生态学的"视域融合"基础上进行的教育研究活动,研究教育中的各种现象,其落脚点还是教育学范畴,而不是生态学。

生态课程是指具体针对课程教学过程中由教师、学生、教材等生态因子组成的动态平衡、开放有序的微观生态系统。从本质上来说,生态教育是一种教学内容,教育生态是一个生态系统的宏观呈现状态,生态课程则是课程与教学论基础上的微观生态。

3. 大学语文教育生态系统

从生态哲学的"世界是复合的生态系统"这一观点出发,大学语文教育可以看作复合教育生态系统中的一个子系统,并自成一个完整、复合的生态系统。

大学语文教育生态系统是指在大学语文教育过程中,由教育者、受教育者、教育资源、教育环境等生态因子构成的网状结构体，内部的生态因子相互影响、相互作用，在不断变化和转换中，动态地追求和谐的平衡。

大学语文教育生态因子指在大学语文教育生态环境中对大学语文的存在、发展有直接或间接影响的各种要素。它包括大学语文的教育者、教育资源、教育环境、教育规律、教育关系等，这些因子在系统中相互联系、相互制约，并动态生成。

大学语文教育生态系统的平衡指各个生态因子功能优异、运行高效，以及生态因子之间和谐发展、生态系统与社会环境之间良好协同的状态。大学语文教育生态系统的失衡则是因为系统中的因子发生变化影响了功能，要么过于突出，要么明显落后，造成整个教育生态系统结构和运行发生变化，从而使其教育功能受到影响的状态。在生态学视域下看大学语文教育，就是将大学语文看作一个教育生态系统。因此，本节认为生态学视域下的大学语文教育，即由大学语文系列课程的教育主体（教师和学生为代表）、教育资源（教材为代表）、教育关系（师生关系为代表）、教育环境（学校环境为代表）等多个因子构成的教育生态系统，按视角的不同可分为教育宏观生态子系统和课程微观生态子系统。

三、研究的思路和方法

（一）研究的问题

作为教育生态系统的大学语文教育，存在的问题就是生态因子与外部环境之间、生态因子内部结构的失衡。针对这些失衡，本节研究大学语文教育的宏观生态，即从系统结构上去分析其良性生态因子和生态特征；以及大学语文教育的微观生态，即大学语文生态课程的建构，包括主要生态因子的优化和教学设计的系统化。研究大学语文教育的宏观生态是希望通过分析学校、家庭、社会等环境因素对教育的影响，以及家庭的亲属关系、学校的师生关系、同学关系等对教育的影响，自然规律、教育规律和心理规律等对教育的影响，从而对教育的科学有效配置提出理论依据和指导，以形成一个完整循环的生态过程，在一定人为宏观调控下发挥大学语文的育人作用；研究大学语文教育的微观生态则希望通过对课程的设置、方法、评价等微观系统因子进行分析，探讨这些可控性较强的因子如何在实践中进行调整、改善和优化，使其更合理、更有效地完善大学语文教育生态的内部结构,从而追求一种和谐、平衡和可持续的发展,以期对增强我国大学语文教育工作的实效性、提高我国大学生的语文素养能有所帮助。教育生态系统在社会生态的庞大系统中是一个有着丰富层次、多样结构的复合子系统。在中国教育生态系统中,也有多个子系统。从纵向来看,按水平层次分,有学前教育、基础教育、高等教育和学历后教育等;从横向来看,按管理机构分,有中央直属、部门直属和地方所属等;按办学性质分,有公办教育和民办教育;按学科分类,有文理工医之分,再细分还有语文、数学、外语和物理等学科。

高等教育是位于教育生态体系中纵向结构层次中的一个子系统,与学前教育、基础教育一脉相承;也同时位于横向结构中,与数学教育、外语教育等并肩而立。把我国高等教育阶段的语文教育即大学语文教育作为研究的主要课题。但由于我国高等教育的内部性质仍然较为复杂,有普通教育、职业技术教育、成人教育、社会教育(包括社区学院教育)等,我国高等院校也有综合性大学和专科院校之分、本科院校与高专院校之分、理工科大学和艺术类大学之分,在管理归属上还有部属院校、省属院校和地方院校之分等。特别是大学语文教育并没有全国统一的教学纲领文件,各地教育政策诸多不同,为避免研究范围过于宽泛而失去针对性和操作性,数据主要来自重庆市高校,提出的策略也主要针对综合性本科院校。需要强调的是,生态学视域下的大学语文教育研究,是一种教育生态研究,既包括宏观的呈现状态又包括微观的课程生态。研究对象是大学语文教育生态系统,而非指教育内容中有关生态意识和概念的部分。

(二)研究的思路

"当生态学发展到人和自然普遍的相互作用问题的研究层次时,就已经具有了哲学的性质和资格,它已经形成了人们认识世界的理论视野与思维方式,具有了世界观、道德观和价值观的性质。"这种在面对人类的生态环境危机大背景下,延伸出来的一种对人与自然关系的反思,就是生态哲学。本研究就将这样一种生态哲学作为理论基础。生态哲学是一种世界观,是"用生态学的基本观点观察现实事物和解释现实世界,包括生态哲学本体论、生态认识论、生态学方法和生态价值论"。生态哲学的研究目标是"通过人与生态环境各种关系问题的理性思考,阐明人在生态系统中所处的地位、人生存的基础和条件、人对生态环境的认识和改造、生态环境对人的价值、人对生态环境的责任和义务以及人生的价值和意义等隐藏于纷繁复杂的生态现象背后的哲学底蕴"。

因此，本节致力于运用生态哲学的认识论和方法论来研究大学语文教育问题，尝试用生态学的思维方法，通过调查研究和文献搜集考察大学语文的现实困境，探寻大学语文生态危机的根源，分析大学语文教育生态系统的内部结构，在此基础上提出建构大学语文生态课堂的具体策略，以追求大学语文教育生态的和谐发展和平衡，为大学语文的教育改革提供新的参考。

"教育的宏观生态最大的范围是整个生态圈，其次是世界上以各国家为疆域的大生态系统。"因此，如果教育的宏观生态，探究的是生态环境与教育、与人类的互相影响、互相作用的关系，最终的目标是找到教育发展的最根本方向、教育最合适的体制以及应对教育危机的最有效对策。教育的微观生态则更加具体化，不仅要分析课程的设置、资源、方法和评价，更着眼于教育过程中的各种人际关系、个体教育过程中的心理状态，甚至"缩小到学校、教室、设备乃至座位的分布对教学的影响"。

（三）研究的方法

本节在研究过程采用了文献研究法和调查研究法，以及跨学科研究法。通过对现有的与本课题相关的国内外文献资料进行搜集、阅读、梳理、提炼、分析，从而获得本研究的原因分析、概念界定和对策研究等内容。本研究搜集、整理的文献资料主要包括两个方面：一是基础理论方面，即关于生态学、教育生态学、可持续发展等理论，注意收集相关的中英文著作或期刊，梳理这些理论的生成、发展及应用等相关信息；二是生态学理念在大学语文教育中的应用问题，搜集相关文献，并对文献进行分类归纳，整理出几个方面的相关问题，并在此基础上分析大学语文教育的内外优化原则和方法。在分析大学语文教育失衡现状和原因时，采用了调查研究法。通过面向全国高校，开展网络问卷和分发纸质问卷相结合的方式，分别从教师与学生的角度收集大学语文教育的现状；通过面向重庆市四所高校100位学生分发问卷的方式调查大学生语文能力的现状；然后通过对问卷的分析，选取了10位大学语文教师进行个别访谈，了解其需求和想法，从而为梳理失衡的表现和成因，以及提出建构大学语文生态课堂中针对教师的部分奠定基础。生态学与教育学的交叉，产生了教育生态学，本节致力于用跨学科的思维和观点去重新审视大学语文教育。通过理论与实际相结合的方法，在遵循大学语文教育自身运行基本生态规律的前提下，提出一些优化我国大学语文教育生态系统和生态课堂的有效对策，以促进大学语文教育生态系统各构成因子的有效整合和良性互动，实现我国大学语文教育生态的平衡、全面、协调、可持续发展，期望对增强我国大学语文教育工作的实效性、提高我国大学生的语文素养能有所帮助。

第二节　大学语文教育的生态失衡

生态平衡是生态学理论的核心追求，是生态系统发展应遵循的重要规律。从教育生态学角度审视，教育出现的种种问题实际上都是一种生态系统的失衡，这种失衡有个大家熟悉的称呼叫"教育危机"。只有在确保教育生态平衡的前提下，才能使教育与自然、社会、人类以及自身得以健康、和谐发展。所以，大学语文教育的过程也必须追求生态化的"平衡"，以人的个体发展为主线，将教育者、教育环境、教育关系等各个良性生态因子纳入在内，追求生态因子的运行高效及生态因子之间、其与社会环境之间的良好协同。近年来，全国各地针对大学语文教育现状开展了大大小小上百次调查。本节在万方、知网等数据库进行了穷尽性搜索，发现从 2000 年开始，截至 2016 年 7 月，共有公开发表的调查类论文 197 篇。这些调查范围有大有小，有的是全国，如《我国大学母语教育现状——三年来对全国近 300 所高校"大学语文"开课情况的调查报告》和《大学语文课程现状调查与问题分析》，有的只是一个省市如《"大学语文"的文化素质培育功能探究——吉林省 6 所高等院校大学语文课程的调查》。调查对象也有所不同，有的是针对各个学科的学生，有的是只针对某一特定群体，如针对高校的《关于高校〈大学语文〉课程的调查报告》，针对理科生的《论〈大学语文〉课程教学改革的举措与构想——基于理工科大学生汉语学习情况的调查》，针对独立院校的《独立学院大学语文教学现状调查与改进对策》，针对专业的《艺术类专业大学语文教学现状及思考》。这些论文虽然立足点不同，但结论都大同小异。在对以上论文分析梳理的基础上，本研究在面向全国高校进行的大学语文现状调查和面向重庆市大学语文教师的个别访谈中发现，大学语文教育的生态失衡现状仍然是：

本节调查的 16 所大学中，只有 2 所设为通识选修课，2 个学分，30 个左右的课时；4 所大学设为个别专业的必修课，1.5~2 个学分，18~33 个课时；6 所大学未开设任何形式的大学语文课程。

调查显示，47.33% 的学生对目前的大学语文教材不满意，35.67% 的学生表示一般，仅有17%的学生充分认可自己的大学语文教材。在问卷和访谈中笔者发现，选文太老土、与中学有重复，以及编排体例死板、实用性不强，成为学生甚至部分教师对大学语文教材的印象。

在对大学语文教师的调研和访谈中了解到，在调研的样本中，受访教师中无一人是专职的大学语文教师，无一人隶属于专门的大学语文教研部门，无一人申请到各个级别的精品课程，仅1人参加过相关的培训和教研活动。80%的教师是中文系的教师兼职上大学语文课，还有20%的教师是宣传部的行政人员、学校辅导员兼职上大学语文课。也许因为样本选择过少，范围集中在重庆市，不足以代表全国的情况，但通过对各地有关调查报告的查阅，也说明这种现象具有一定的普遍性。

调研显示，目前最常用的教学评价方式有两种，一种是撰写论文，另一种是闭卷考试。大多数开设有大学语文课程的学校都注意加入平时过程性评价，一般占总成绩的30%，但主要的实现途径是点名或者交一次作业、回答课堂问题。评价的主体也只有教师，主观性较强。针对这些问题，从大学语文教育在不同教育生态系统中的生态位去分析，可以探究出大学语文教育在语文生态系统中的失衡和大学语文教育在高等教育生态系统中的失衡。

一、在语文教育生态系统中的失衡

教育是一个循序渐进的完整过程，是一个符合人类智慧孕育、生长、发展生态规律的动态系统。由于教师工作职责、教学方法受制于各自执教阶段的局限与封闭，致使语文教育的全过程存在着不少重复与脱节的失衡现象，严重影响了大学语文教育的教育效果。目前把语文的基础教育和高等教育当成一个整体来看的研究非常有限。只有少数学者关注到了二者的衔接问题，如2005年西南大学文学院梅健的硕士论文《大学语文与中学语文教学衔接问题初探》，东南大学乔光辉教授主持的江苏省教育科学"十一五"规划重点课题"大学语文与中、小学语文教育的衔接性研究"，复旦大学祁峰博士2011年在《长春师范学院学报》发表的《母语高等教育研究的多维视角——兼论母语高等教育与基础阶段语文教育的异同》等。在调研中，我们发现与基础教育中的语文课程联系起来看，大学语文在教学内容、教材、教师和教学方法上都存在失衡问题。

（一）大学语文教育内容与中小学存在脱节

作为不同阶段的母语教育，大学语文教育内容应该与中小学形成一个完整渐进的链条，但在实际情况中并非如此。中小学仍然会在教学内容上花大力气"使学生掌握口语、书面语交际的规范和基本能力"，而以大学语文为主的母语高等教育目前普遍比较重视人文性，强调文学欣赏和熏陶。二者本是各有偏重、各司其职的，无可非议。但任何一种语言的学习都必须是连贯渐进的，过程中可能会出现一定的重复和巩固。就目前的教学实际来看，我国的语文高等教育与基础教育之间在汉语知识，特别是语法知识上并没有形成连贯的系统教学，对语文能力也没有连续的训练，新旧知识没有联系起来。特别值得注意的是，在《全日制义务教育语文课程标准》实验版和2011版都明确指出"不宜刻意追求语文知识的系统和完整"。这本是好事，意在纠正工具性大于人文性的不合理现象。但在近年的具体落实上，却与课标的初衷有了偏差，存在过犹不及的现象。在访谈中了解到，目前一些中小学教师弱化了语文知识的讲解和训练，认为一提语法、修辞就是违背课标精神，就会影响学生学习语文的兴趣。学生在基础教育过程中没能得到语法知识的基本梳理和训练，进入大学的时候就已经存在语文知识不足、语文能力欠佳的情况。大学语文教师因为多数没有中小学教学的经验，也在心态上非常不愿意再花时间去"补课"，学生的语文知识缺乏系统学习和训练。学生还没有弄清楚这句话到底如何去理解，就陡然需要进入更高阶段的文学审美；还没有掌握好正确的标点符号和语法，就贸然要求达到有文采的写作。这种脱节必然造成学生的困惑，连假条都写不好的大学生比比皆是。

（二）大学语文教育资源与中小学重复较多

教育资源在大学语文和中小学的衔接问题，集中体现在语文教材上。在基础教育中，语文教材较为规范，有统一的课标，教材版本也相对少而精，选文经反复推敲，紧扣学生年龄特征和教学大纲。但高等教育中的语文教材版本多样、水平参差，编写上与中小学教材衔接不多，要么选文重复过多，要么完全脱节。据有关资料统计，我国的大学语文课程教材多达1402种，目前仍然使用的也在100种以上。

调查显示，85%的学生希望大学语文教材与中学有很大区别，但杭州师范大学的何二元副教授曾于2008年做过一个统计：华师版徐中玉、齐森华主编的第八版《大学语文》和人教版中学《语文》课本比较，共124课，重复51课，重复率达41%。2008年周俊萍和朱明主编的《大学语文教程》中所选的庄子的《逍遥游》、柳永的《雨霖铃》、杜甫的《登高》、海明威的《老人与海》等，都与高中语文课本中的选文重复。

当然，经典作品是值得反复研读的，需要学生在不同阶段读出不同的韵味。但是就目前现状而言，经典作品的重复编排大多未能注意体现不同阶段的特点。同一部作品的不同部分，同一个作者的不同作品，也没有按照学生学习的心理规律加以编排，有的大学语文教材选文和配套练习题比中学还浅显。这种现象很容易让学生产生厌学心理，"高四语文"帽子一扣，认为语文学来学去就是这样了，扼杀了学生终身学习母语的动力。同时，另一个极端是教材过于偏向人文知识，或者过于偏向应用写作。当然，在面向不同的学生群体时应该有所侧重，但调查中，笔者就发现学生对大学语文的期望是较多样的。教材的内容需要更丰富，在选文和体例上考虑实现更多的功能。

（三）大学语文教育关系与中小学彼此割裂

中小学语文教师与大学语文教师，共同构成了语文教育系统的教师这个生态因子。在教育关系中，教师与教师之间应该是互相尊重、合作共享的状态，但在中小学语文和大学语文教师之间存在关系割裂的现象。基础教育中，教师力量较为充足和稳定，职业认同感较强，理论知识也许不足，但对基础教育的教学规律有深刻理解和长期实践。高等教育中，专职的大学语文教师流动大、数量少，在职称晋升和科研待遇等各方面还存在不少问题，职业认同感不强。在《光明日报》2011年1月11日发表的《高校母语教育亟待加强——基于海内外十余所高校的调查分析》中就明确说道："在我们调查的6所高校中，有数所高校目前只有一两位教师承担'大学语文'的教学工作。"这样的情况非常普遍，调查中笔者发现，多数高等院校仍然是由中文系的中青年教师兼授大学语文课程，有的学校甚至是由宣传部的行政干部在兼职。这些兼职教师在教学时间和精力上都非常有限，对面向非中文专业学生的母语课程理解并不深。特别是较高层次高等院校的语文教师，多出身于文学专业的硕士博士，知识积累和研究方向都偏向自己的专业，这也是为什么大学语文经常被上成文学鉴赏课的重要原因。

基础教育和高等教育的师资力量不仅差异大，二者之间的交流更是几乎完全缺失。目前中小学教师到大学去进修和培训已经比较普遍，切实提高了理论水平和教学能力，但都仅限于对基础教育领域的学习和研讨，并没有与高等教育有实质性的接触。而大学教师则仍处于高高在上的地位，除去一些专门研究基础教育的教师会主动到中小学调研外，大学教师基本不会与基础教育有任何联系。访谈中的几位大学语文教师均表示平时不会刻意关心中小学语文的信息，只有两位教师会偶尔看看高考语文题目。教师之间的不沟通，造成了学生学习的不畅通。大学语文教师根本不知道中小学教了什么、缺了什么、需要深化什么，当然也就无从谈起"衔接"二字。

（四）大学语文教育过程与中小学差异过大

不同阶段的教育过程应该是有所区别的，但相对于母语教育属性来说，语文教育还是应该有一定的共通性，便于学生把握学习方式和进度。特别是大学语文一般开在大一上学期，学生处于从基础教育向高等教育过渡的阶段，对教育过程的差异可能就更为敏感。在基础教育中，语文课一直处于核心地位，课时多、管理规范，教师的教学模式相对固定，对课文的解读也较为详细，有配套的思考练习，学生在教师的引导下进行预习复习。教与学的节奏都比较快。在高等教育中，大学语文课程一直处于比较边缘的位置，有的学校是必修科目，有的则是选修。课时少、课堂管理松散，不同教师的教学方式也多样化，对作品的解读强调多角度，学生需要自己进行课外的练习巩固。这种教学方式的差异在一定程度上是应该存在的，但由于差异过大，且多数学生在进入大学的时候就面临差异调整，因而显得适应上有困难。调查中，大学语文在大一上学期开课的就占66.67%。从高压到突然放松，学生在大学和中学截然不同的教学模式中很难尽快自主适应和调试，学校和教师也很少会对此有针对性的引导和帮助。基础教育和高等教育，是一个生态系统的两个子系统。大学语文在这个系统中的作用、功能到底是什么？其生态位究竟如何？这是我们需要去厘清的问题。而同时，这两个生态子系统之间是互相关联、不可割裂的。从中小学语文到大学语文教育还无法实现量变到质变的飞跃，高考也无法成为量变的临界点。但长期以来的巨大差异和截然分开，学生容易茫然失措。如何能从刚才还在背书填标准答案的状态，突然就转换到能对文学作品提出不同见解？不遵守教育的基本规律，不注意缩小教学过程中的差异，就必然造成语文教育的衔接障碍。不仅无法提高学生的素养，还会打击学生学习的信心。不可否认，基础教育和高等教育，在教学目标和教学方式等方面必然是有很大差异的。但高校扩招实施多年，大学不再是少数人的象牙塔，我国高等教育已经完成了从精英教育向大众教育的初步转变。因此，高等教育在一定程度上带有了普及性质，与基础教育不再泾渭分明。

在这个前提下，作为教育系统中的不同阶段和水平层次，基础教育和高等教育之间需要更多的互动和整合。但实际状况是，长期以来，基础教育和高等教育缺乏沟通，形成"基础教育对高等教育茫然，而高等教育对基础教育漠然"的"二元教育"局面，由此引发出许多问题。就其根源来讲，是因为人们忽视了高等教育与基础教育衔接的问题。

二、在高等教育系统中的失衡

高等教育系统可以看成是一个由教育人口、教育资源与教育环境三大要素构成的，相互影响、相互制约，同时与外部环境进行持续不断的物质能量和信息交换的，具有整体综合效应的生态系统。将大学语文放在高等教育这个生态系统中，与其他学科教育和课程相比，有高等教育共性的"花盆效应"和师生关系失位问题，也有其特有的生态功能失调和生态环境恶劣、生态结构不合理。

（一）大学语文教育的"花盆效应"

"花盆效应"是生态学上对"局部生境效应"的另一个称呼。花盆是一种局部生态环境。这种半人工半自然的环境有很大的空间局限性，但因为可以创造出非常适宜的环境条件，在某个时段某种程度上呈现出花卉的较好状态。但花盆也会降低花卉的生态位、缩小生态幅，减弱对生态因子的适应阈值。也就是说，其竞争力和适应力以及自我调节功能都会减弱并最终消失。目前我们的大学语文教育就是这样一个花盆，不管外面怎么风云变幻，都始终是在一个相对封闭的时空中进行。既没有注意增加学生的实践锻炼机会，也没有在教学中引入更多的社会现实因素。学到的语文知识、文学鉴赏除了写答卷，并不知道如何用于自己的生活，如何去适应社会，理论与实践始终是两张皮。更值得警惕的是，"花盆效应"在一定程度上破坏实践和创新精神，滋生出肤浅、盲从、狭隘、僵化和封闭。目前网络上出现的"喷子"、网络暴力，与我们的教育"花盆效应"是有一定因果关系的。出现"花盆效应"的主要原因是三点：一是教师过多介入，以教师为主的教学方式在大学语文教育中非常明显，这也造成了大学语文课上基本都是老师讲学生听，考试前老师划重点，或者让学生直接交复制粘贴的文章即可。教师的过多介入就像是给花盆施肥、浇水太多一样，花卉在人工助力下快速生长，一旦放入大自然则立刻失去生命力。学生在老师的强势主导下失去了自我思考、辨别、提升的机会，自主学习成为一纸空文。二是学生长期的依赖思想。除了教师介入失当外，学生在学习过程中依赖老师、依赖课本、依赖课堂的现象也真实存在。经过中小学的高压，学生习惯于老师说怎么学就怎么学，教材说学什么就学什么。但大学语文教育与中小学性质上有很大的不同，需要学生更多根据自身特点安排时间、节奏和内容，老师和课堂仅仅是引路，剩下的还需要自己去走。多数学生不能意识到这一点，仍然依赖花盆的人工培养，无法自己确定学习目标，没有了鞭策监督不再预习复习，不会主动去发现和解决问题，学习效果当然大打折扣。三是教学环境的封闭。大学虽然是个相对封闭的地方，但诸如微商、电商等各类商业因素入手，勤工俭学渠道的不断丰富、校园更开放的姿态，都让大学相比以前已经有了更多的社会化倾向。有学生就调侃说大学是个小社会。在这样的大背景下，我们的大学语文教育还在因循守旧，教材选文都偏老化、教学手段单一化、评价方式固定化。大学生一方面已经在网络冲击下，在脱离父母管束的前提下，开始直接感知真实的社会；另一方面又被关在教室里，听老师讲知识、背诵、答题、做作业、考试，重复中学式的闭合小循环。这样的结果一部分学生会排斥大学语文放弃学习，一部分学生则习惯于这样的封闭，反而在进入社会之后无所适从。

（二）大学语文教育的师生关系

构成教育生态系统的生态因子之间应该是平等的、和谐的，其中关键的是师生之间、生生之间平等，是这种生态系统存在的前提。生态教育所追求的，应该是师生生命的充盈与完整，即师生人格的完整、个性的发展和情感与兴趣的满足。而对于大学语文中的师生关系，应该是两个平等的生态因子在很大程度上处于各自失位的状态。教师处在一个与学生因素和环境因素构成的复杂网状关系中，特别是在高等教育阶段，教师的职责不再是以知识传授为主，而应该越来越多地去成为一位引导者、咨询师、陪伴者，以及一位交换意见的参加者。大学语文教育更应该致力于发现和创设更有效果的和有创造性的教学活动：互相影响、讨论分辨、引导了解、积极鼓舞等。但事实上，我们的大学语文教师更习惯于扮演知识灌输者的角色。

高等教育的课堂，特别是基础教育课堂由于诸多因素，不是那么好把控，为了控制课堂，对教师来说似乎"我讲您听"的讲座式教学更为简便。在这样的教师主导和控制的教育关系中，学生往往会出现一种理所当然的服从和退缩。在调查中笔者发现，大学语文课上，学生通常不会主动回答问题，而教师也习惯于要么问一些是与不是、对与不对的应答式问题，要么采用点名的方式让学生作答。很明显，在这样一种缺乏平等的课堂里，学生不会自主发现问题，更不会去发现自我、发现语文的魅力。那么从学生这个生态位来说呢？从本质上说，没有学生就意味着没有教育生态。学生才是学习的主体，决定着自己的学习效果和发展程度。学生这个生态因子也应该是最活跃、最主动的。但事实上，在高等教育中，学生很明显存在着不主动、不活跃的被动状态。在大学语文课堂中，学生最喜欢的就是那种大家一起回答"是与不是""对与不对"的问题，可以堂而皇之地随大溜，不必做出自我判断与思考。在遇到老师单独提问的时候，纷纷埋头生怕点到自己。从众与退缩，这是学生在大学语文教育中常见的两种特性。这两种特性也是造成大学生独立性和批判性较差的重要因素和表现。遇到困难就退缩，遇到问题不愿有自己的思想和表达，学生个体无法得到发展，学生品格无法得到锻炼。值得注意的是，大学语文教育中的师生关系还有着较为严重的疏离。相对于中学语文课课程多课时满还有早晚自习每天都要见，大学语文教师也许一周才能见一次。而和多数大学教师一样，进教室就埋头上课，出教室抬头也不认识，彼此的交往局限在课堂上。大学教师与学生的关系，少了情感的认同与沟通，光靠课堂上的生硬联系，显然不能达到两个生命个体的情感交融，更无从谈起心灵的唤醒。

（三）大学语文教育的生态功能

功能平衡是生态系统整体和谐发展的重要方面，但随着市场经济的快速发展带来的功利化，高等教育的育人功能存在严重失调的情况。受传统发展观和功利取向的影响，大学语文也过分强调经济功能，片面强调工具性。忽略了教育的根本目的是促进人的全面发展，忽略了大学语文的文化传承和引导功能。语文教学作为一个客体对主体(社会与人)需要的满足。具体来说，体现在学生学习的功利性目的。在每年都是"史上最难就业季"的大环境下，大学生不得不考虑学习和掌握一些看起来对自己就业有利的课程和证书。既然都已经学了十多年，也会写会读了，大学语文对找工作看起来没什么实际帮助。即使有学生愿意学好大学语文，也更多是为锻炼一个好口才面试，或者培养写作能力考公务员。

二是教材的经济利益指向。为什么有这么多大学语文教材？在调查中笔者发现，由于没有统一的课纲和规范，大学教材成了编写者获利的一大工具。不少教材的编写和使用是受利益驱使的。在编写过程中，如何更系统更科学更受学生欢迎成了次要问题，首要的问题是考虑如何把教材编得厚一点，价格可以定高一点，即使不能卖给别的学校，也至少能够让自己学校的学生买这样的教材。于是一些地方院校对教材的选用标准也抛开教材本身的质量，掺入更多关系网的人为因素。

三是教师的物质利益追求。作为大学语文教育的主要力量，教师也主动或者被动陷入了无形的功利圈子。大学语文作为基础课程，多数专职教师没有学院的归属，在科研经费、进修培训上没有专门政策。收入普遍偏低，获各种奖项和精品课程的机会也比其他教师少，职称晋升机会更少，这个岗位根本留不住人。

为了解决这个问题，不少学校不设专职大学语文教师，而是由文学院刚入职不久的青年教师兼职上课。课时费不高、课程地位低，对职称毫无帮助，青年教师也不能专心教学，反而想早日摆脱这个课程。没有稳定的师资队伍、教师梯队不完整、缺乏学科带头人，大学语文课程的师资问题显得越来越突出。

（四）大学语文教育的生态环境

高等教育的生态环境，是以高等教育为中心，对高等教育的产生、存在和发展起着制约和调控作用的多维空间和多元的环境系统。目前高等教育生态环境中的不利因素阻碍了整个系统的和谐发展。首先，大学语文课程的地位始终不明朗。大学语文作为高校的一门课程，始终都没有取得"法"的保证。1986年召开的全国大学语文研究会第三届年会曾把这一话题作为一个中心问题来探讨，想让大学语文课程作为必修的基础课被法定下来，结果却不尽如人意。其次，表现为大众化教育迅速发展带来的物质支持不足。我国高等教育的发展已经步入大众化阶段，正向普及化阶段迈进，同时适龄人口数量在不断增加。巨大的人口数量对高等教育的发展提出了挑战，教师、教室等教学资源紧张。大学语文也是这样，在调查中笔者发现，学生一般都是合班上课，有的甚至跨专业、跨系别合班上课。一门大学语文课通常学生人数都在 50 人以上，有不少超过 100 人。在大教室上大课，人数众多、专业分散，教师根本无从谈起对学生个体生命价值的关注，这是大学语文教育生态环境中最明显的状态。最后是教师待遇偏低造成师资力量供给不足，教材参差不齐造成教学内容的陈旧落后，教学方式单一造成教学资源的封闭。这些因素都制约着大学语文教育生态系统中能量、物质和信息的有效交换，阻碍着和谐流动的循环正常运转，从而无法建立起稳定态或平衡。中国人民大学校方表示，将大学语文课程由必修改为选修的原因之一就在于学生热情不高，多次课程测评的综合排名都是倒数第二。

（五）大学语文教育的生态结构

我国目前有1000多所高校将英语列为基础必修课，而将大学语文列为基础必修课的高校只有40所左右。2012年年初，武汉地区的大学语文研究会针对大学语文课程的调查发现，超过一半的高校将大学语文课程的课时安排为32个课时，甚至更少，而大学英语课的课时竟高达300个，有的高校甚至将其安排为400个课时。而本研究前期的调查也显示，和英语课程仍然是几乎人人必修的情况相反，大学语文的现状与2012年相比也几乎毫无进展，开课的学校首先就非常少，且多数都为选修。调查中笔者还发现，不仅课时少，大学语文的行课时间也被其他课程挤压，不少被安排到晚上或者周末。课程地位岌岌可危、课时少、排课时间边缘化，可以说大学语文在高等教育生态系统中的结构状态已经非常不合理。"由于人们对大学语文的重要性认识不足，大学语文的分量无法与专业课程以及计算机和外语课程相提并论，处于可有可无的境地。"

郭思乐教授在《经典科学对教育的影响及其与教育生命机制的冲突》一文中指出："教育是人的精神生命活动的过程。教育中生命活动的最大特点就是存在这种可能性，使生命达到调动起自身的一切，去不断地创造自我，改善和发展生命，生命会从中受到鼓舞，从而收获丰富和充实的人生。"如何贯彻生态化的教育理念，打造开放的生态环境、和谐的生态课堂、和谐的生态关系，关注系统内个体的可持续发展是未来大学语文教育生态研究的一个方向。

三、大学语文教育的生态失衡探因

综上所述，大学语文教育无论是在高等教育这个系统中还是在语文教育这个系统中，都处于一种失衡的状态。这样的失衡，成因是多方面的。从历史和现实的角度去考量，可归结为以下几个方面：

（一）大学语文教育的长期边缘化

高等教育是复杂的生态系统，每门课程的开课、比重、时长等问题，都源于对课程在整个网状结构中处于什么位置来进行权衡。从各个时期全国各地调查的情况显示，"学校排课靠后、任课教师靠后、学生选课靠后、课堂逃课较多、考试的及格率较低，大学语文课地位岌岌可危"。大学语文到底在高等教育这个生态系统中处于什么样的生态位？是主流还是边缘？是基本配置还是可有可无的选择？这些问题近年来经常困扰着教育管理者、教师和学生。这种徘徊，有其历史的原因。

从历史角度去深入探究，大学语文的边缘化首先来自国家层面的"重理轻文"。计划经济时代，国家的教育思想是"向科学进军"，优先发展科学技术，培养理工科人才，这种思想直接导致了1952年高等学校院系调整。那个时代的教育管理思想是人为地割裂了科学文化与人文文化的和谐、整体发展的大学生态关系。在以后的很长一段时间里，直至今日，理工科在国家决策者的意识形态和民众的思想里，仍然是受到重视的。大学语文作为人文教育的代表，在历史的洪流中很难不受到这种思维的影响。

再从现实的角度去追究，可用横向、纵向两个维度来思考。首先是纵向上看，语文教育的整合机制未能形成。基础教育和高等教育是教育体制中的主要环节，有共同的教育指向，也互相影响、互相制约。不论是教材编写还是教师理念，都应该有连接有整合。目前我国每年有900多万人高考，约70%开始接受高等教育，他们的成长成才是一个连贯的过程，有阶段性特点，但最终是一个整体，无法割裂开看。因此，高等教育和基础教育也必须形成有效的整合机制，让完成了基础教育的学生能顺利进入高等教育系统，不会被彼此的断层所困扰。但目前我国对基础教育和高等教育的管理指导是各自成系统的，在自身领域中都能有序进行，却无法互相联结起来，让终身教育的大系统有序运行。究其根源，还是信息的不畅通、不流动。主管部门的不交流、教师的不沟通，高等教育与基础教育之间长期的信息阻隔、各自为政自然也让语文教育深受其害。其次是横向上看，母语地位的腹背受敌。早在1999年11月，联合国教科文组织就将每年的2月21日定为"国际母语日"。联合国教科文组织总干事伊琳娜·博科娃在给第14个"国际母语日"的致辞中强调，联合国教科文组织倡导母语教学，因为"有助于传统知识的传承，还能帮助每个人表达思想并获得尊重，构成了推动社会包容的重要力量"。母语和母语教育的重要性毋庸置疑。但非常遗憾的是，我们的母语作为中华传统文化的重要载体，在国内外各种因素的压迫下显得腹背受敌。

从世界生态环境来说，英语的强势地位还不可撼动。长期以来欧美国家在经济社会发达背景下形成的语言优势，在全球化趋势的推动下，加强了英语的优势和吸引力。这给欧美国家的文化渗透打造了平台，掩盖了汉语的光芒。

从国内生态环境来看，汉语在网络入侵下已步步后退。首先就是网络时代交流方式对汉语的冲击。网络用语大行其道，成语被曲解和压缩，各类简称层出不穷，同音错别字更是比比皆是。其次是随着电脑的普及、输入法的模糊，国人对拼音、笔画、笔顺和书法的概念，越来越淡化。最后信息化社会的阅读方式从纸质书本变成了手机等电子终端的阅读，碎片式快餐式阅读无法让汉语文学的魅力充分展现，无法培养文学审美。母语是一种延续终身的教育，在不同人生阶段中母语教育都占有很重要的位置。浙江师范大学的潘涌教授多年研究母语教育，他认为："学子在母语中觉醒，在母语中感动，在母语中陶醉，在母语中生长并成人——这就是各国母语教育共同的价值追求。"因此，靠几年或十几年的时间完成全部母语学习的想法是不切实际的，把会读书写字当作母语教育的终点更是不可取的。不论是教育管理者还是一线教师，不论是学生还是家长，都要明确母语教育的最终指向，去除功利性。只有大家共同努力，才能让我国的母语教育最终达到让学生成人，传承中华民族文化精髓的普世价值。

（二）大学语文教育的日益功利化

在市场经济创造出一个巨大的繁荣的物质世界的时候，功利主义具体表现为人们对物质利益的追求。对国家而言，功利化就是盲目追求经济增长；对集体而言，功利化就是一心追求利益最大化；对个体而言，功利化就是追求获得最多的经济价值。这种追求指向的是物质，本质是利己的，完全忽视了人类的精神需要。"有用性"是功利性价值观的唯一衡量标准。我国正处于市场经济发展迅速繁荣时期，给功利主义价值观提供了沃土。学校追求的是升学率、就业率，教师只教要考的，学生只学看起来有用的，家长只关心孩子的成绩，单位招聘只看英语等级。大学语文教育也受到了功利化的冲击。在功利主义价值观大行其道的社会心理下，"可行性"与"教育规律"比起来，总是容易占上风。在管理上，理工科大学和高等院校因为学生语文素养普遍不高，为了提高学生的读写能力满足就业需要，就对开课比较重视，课时相对较多；在教学内容的选择上，也侧重于对学生语言表达能力的训练，期望语文能解决学生的语言交际能力，以适应社会需要；在教学评价的方式上，要么是如高考一样的闭卷考试，要么是交一篇东拼西凑的论文了事。对综合院校而言，语文不能直接提高就业率，对管理者来说就成了可有可无的课程，高校领导层对语文的不重视，直接造成了大学语文的逐步取消。在学生方面，语文从小学到大，似乎会读会写就已经完成了语文学习，不论是考研、公务员还是就业，语文都没有实际明显的直接作用。

因此，大部分学生都将时间和精力用在了英语、计算机等实用性较强，各个地方都要考的课程上。语文成了鸡肋，用的时候才知道还不够，平时又不愿意去主动学习积累。调研中，有79%的学生表示更愿意去学习英语、计算机等对自己非常有用的"实用"课程。在教师和教材方面，也是如此。大学语文教师的地位不高、待遇偏低，好教师留不住，不愿意去钻研，从而造成地位更低待遇更低，形成了恶性循环。教师追求经济价值和晋升空间，长期坚守大学语文岗位的少之又少。高校中重科研、轻教学的功利主义风气，也直接影响了大学语文教师的队伍建设。教材方面因为没有统一大纲，追求经济利益，编写上过于随意，几个人凑在一起拼拼剪剪就编出一本教材的的现象屡见不鲜。长江师范学院的大学语文教师肖太云就说："教材更换频繁。近10年中换了近10种教材，几乎平均每年一换……有的教材甚至是本校教师作为编者参与其中，由利益而导致的人为因素渗透进了大学语文教材的建设和使用之中！"学生以就业为中心的实用主义、教材编写选用的功利主义，以及教师以自我为中心的职业定位，无疑就把大学语文带入了低俗的直观实用体系。这种功利性有时代的背景，也有语文教育本身的历史渊源。语文教学中长期以来对工具性的过分重视、中小学以高考为指挥棒的功利性延续，都是造成大学语文教育功利性的因素之一。

大学语文教育的理论迷失，大学语文"危机"和"边缘化"，除了外部生态环境的恶劣，还有内部理论上的自我迷失状态。二元对立的思维方式强调的是非此即彼，语文教育的课程性质争论长期处于这样的思维方式中，似乎非要去争个你死我活、你少我多。"语文教育无论具有多少功能，但万变不离其宗，其根本前提是学生必须能够正确理解和运用祖国的语言文字。"因此，不论是基础教育还是高等教育，首先都应该致力于学生语文能力的不断提高，掌握好自己的母语工具，其次才是对学生的文学熏陶，促进语文素养的形成与发展。在实际教学过程中，中小学已经在《课标》的指导下寻求平衡，但大学仍然倾向于抛弃工具性。更有人提出"中学阶段，母语的基本技能训练已经完成，部分学生如果语文技能仍有较大欠缺，则应反思中学语文教育的效率，而试图在大学阶段再进行普遍性的语文技能训练，显然是不必要的"。这样的理念忽视了语言学习的连续性，忽视了语文教育的衔接性。工具性的断层，如无源之水、无本之木，让学生的人文性培养显得底气不足、力不从心。而"人文"这个概念本身就是非常复杂的。比如西方的人文是指个性解放，而中国的人文更多指的是文明对人和社会的制约。用"人文"来定义大学语文的性质，似乎成了百宝箱，什么都可以装进去，大学语文被赋予了过多的使命。从历史到文化、从德育到美育、从文化底蕴到文化继承、从人文素养到道德伦理、从明理载道到审美情趣等各个领域，大学语文好像都能发生奇效。世风日下，传统文明的失落也可以归罪于大学语文。但"人文"究竟是什么呢？看看那么多篇呼吁加强人文性的论文，也并没有真正说得很清楚，反而是多把"人文精神"当成了思想、政治、情感、人格的代名词，以为在语文教育中加强"人文精神"，就是进行思想、政治、情感、人格的教育。在高等教育阶段，课程更多样，人文教育可以体现在各种文化课程中。只强调价值观教育，那么思想政治理论课更适合；只强调审美教育，那么艺术鉴赏课更有利；只强调文化传承，那么历史文化课更系统。因此目前教学实践中过于宽泛而飘忽不定的"人文"课程理念，让大学语文多了一些其他学科的属性，却少了一些自我特质，反而似乎时时可以被其他课程替代。其实中国的和谐人文精神从生态学理论来说，涵盖了精神生活的各个方面：一是人与自然的关系，二是人与人之间的关系而形成的社会关系，三是人与自身的关系。和谐人文精神倡导的是关爱生命，突出生命伦理的基础性；勇于担当，提升生命伦理的根本性；家国一体，注重生命伦理的社会性；天人合一，实现生命伦理的全面性；博采众长，增强生命伦理的融合性；与时俱进，实现生命伦理的创新性。许多人反对人文精神，就是混淆了精神与思想的基本区别；有的人主张人文精神，也是混淆了二者的区别，试图以思想教育纠偏语言训练。从对生命的关注出发去看待大学语文的价值取向，跳脱出人文工具的二元对立旋涡，才能从根源上去解决大学语文的危机，走出尴尬的边缘化境地。江苏省中学语文特级教师蔡明说："生态语文教育所追求的就是让每一个生命个体在语文素养不断形成和发展的过程中丰富自己、完善自己，自信自强，思想自由，精神独立、灵魂高尚，在任何处境和际遇中都能迸发出生命的奇迹。"生态学视域下的大学语文，不应在理论上执着于人文和工具的孰轻孰重，而是应该牢牢抓住母语教育这个根本属性。母语教育，必然是语言文学民族思想都融合在一起的教育。大学语文作为母语教育的高等教育阶段，也应该是融会贯通的，是指向人在母语中的自由发展的。大学语文教育追求的就是如诗人特奥多尔·冯塔内所描述的那样，"努力为毫无依靠的幼树提供一根拐杖，从而使其能在纯洁的空气中自由自在地、无忧无虑地成长"。

总结起来说，大学语文的生态失衡即是：从教育生态主体看，受教育者主体性得不到发挥，教育者待遇低下主动性不强；从教育生态环境看，对内课堂气氛单调、沉闷，对外课程设置不受重视，被其他科目挤压严重；从教育生态功能来说，工具性和实用性占据上风，人文素养提升无法实现；从教育生态资源来看，缺乏与基础教育的有效连接，教材版本多质量不高；从教育生态关系看，缺乏一种动态的、自然流动的激情与灵性，缺少情感的交融，缺少师生之间对生命价值的体认；从教学生态规律来看，对人的自然规律和教育循序渐进、因材施教的基本规律不够尊重。针对这些失衡问题，我们首先要解决的是弄清楚大学语文教育生态的内部构成和结构特征。通过对失衡的分析，找到影响大学语文教育最明显的几个生态因子，并分析其良性运转和谐发展的应然状态，从而有针对性地去解决失衡问题。

四、大学语文教育的生态学内涵

（一）大学语文教育的生态哲学观

这是一种"哲学转向"，让"生态化"成为大学教育的新理念。人类既有责任和义务，又有必要和有可能，通过大学教育的作用推动生态文明发展。生态哲学扩展到其他领域，就是用生态和整体的眼光看待各种问题，用生态化的思维去思考各种危机。生态哲学思维倡导"用整体、立体、动态的眼光看待生命和事物，弘扬跨学科的研究方法"。生态哲学有着丰富的内涵，从世界观和认识论的角度来看，"生态哲学或者是生态世界观就是运用该生态学的基本观点和方法观察现实事物和理解现实世界的理论"。美国学者弗里特乔夫·卡普拉指出："在生态世界观中，始终贯穿着两个主题……这两个主题——相互联系和运动是科学理论和东方哲学一再被提起的概念。"在梳理总结前人研究的基础上，可以说大学语文的生态哲学观包括：两个基本的理念——生态系统理念和动态平衡理念；三个基本理论——生态圈理论、全面和谐发展理论、可持续发展理论；三个基本观点——整体观、和谐观和系统观。本节的主要理论基础就来源于此。生态系统理念是指，在生态学里，"一切事物与一切事物有关"，也就是一切事物和现象之间都有一种基本的相互联系和相互依赖的关系。生态学理念中，生态的各种因素之间的作用和联系都非常重要，需要给予足够的重视。动态平衡理念认为"现实和宇宙在根本上是运动的，结构是一种基本过程的表现形式，而且结构和过程两者最终也是互补关系"。因此，生态哲学强调的是动态的过程而不是静止的状态，把自然看成一个运动的过程，"这是生态哲学对现代哲学的一个贡献"。生态圈理论是生态哲学的基本理论之一，自然界的各要素相互制约，实现生态平衡，促进生态系统的和谐发展。这要求我们有整体观，将大学语文教育看作一个有机整体，其中的每一个要素均具有不可替代的意义，发挥着各自不同的作用，共同实现生态平衡。在一个开放、有序、复杂的生态系统中，大学语文教育的各个生态因子相互作用、缺一不可，共同构成了动态平衡的生态圈，实现教师和学生的平衡发展。全面和谐发展是生态哲学的又一基本理论。生态学要实现的发展不是某一物种或某一区域的发展，而是全面和谐可持续的发展。因此在大学语文教育改革过程中要致力于实现教师与学生的全面发展。教师要实现教学相长，学生要实现自我发展。学生的发展也不是某一类或某个学生的发展，而是全体学生的发展，不是学生个别方面的发展，而是身心等各个方面的发展。这就要求大学语文教育必须因地制宜、因材施教，针对不同学生的特点，采取具有针对性的交往策略和手段，促进学生的全面发展。可持续发展是生态哲学重要的基本原理，要求我们既要考虑当代的发展现状，也要考虑后代人的发展前景，实现人类经济建设与环境的和谐发展。以可持续发展理论审视大学语文教育，即要实现教育目标、教育环境、教师和学生的可持续发展。生态学视野下的大学语文教育以促进教师和学生生命的可持续发展为本，关注个体的内在需求，注重生活体验，遵循教育的内在规律，共同创建动态中稳定前行的大学语文教育生态系统。生态哲学的内涵，学界有着相当多的论述，但"整体""和谐""系统"是其中都能达成共识的几个基本观点。整体观可以说是生态哲学的精髓所在，世界在整体观的前提下成为一个整体，在这个整体中，主客体是可以相互转化的，且都是平等的，处在普遍联系之中；和谐观是生态哲学的落脚点，理想的生态世界是人与人、人与世界的和谐共处，追求的是生态圈的平衡。生态哲学的系统观认为世界是由大大小小的系统构成的，每个系统内部都自成体系，系统之间又互相联系。生态哲学的产生与发展，为生态学以外的其他学科提供了一种新的思维方式和研究方法。对大学语文教育来说，正是需要这样一种全新的理论视角，去探寻其失衡的现状成因，建立起一切与一切联系的理念，在动态中追求平衡，从更广范围、更深层次去研究大学语文教育。

（二）大学语文教育的生态学解读

在生态学的视域下来看大学语文教育，有这样几个方面的概念值得关注和解读。孔子的教育生态智慧启示古代教育思想中占统治地位的儒家教育的本质也是生命教育。中国古代伟大的思想家、文学家和教育家孔子，作为儒家文化的代表，其教育观可以说是博大精深。其中不少智慧结晶中都蕴含着丰富的教育生态学观点。首先，孔子创私人讲学之风，主张"有教无类"，因材施教。相传有弟子三千，贤人七十二。"有教无类"的教育理念体现了教育公平性和多元性，尊重社会的多元性和人人受教育的权利，可以说是中国教育生态化理念最典型的体现。其次，孔子"因材施教，学以致用"强调教育必须符合人的天性及发展的规律。提倡教育要研究人的本性，在不同的人，和人发展的不同阶段实施不同的教育。这是最早的以人为本的教育观，也是一种教育遵循自然的理念。再次，孔子认为教育应注重实践、立足社会，提倡教育的开放性，以及教育与社会的紧密联系性。子曰："诵《诗》三百，授之以政，不达；使于四方，不能专对；虽多，亦奚以为？"子路饱读诗书、学识丰富，却办不成交给他的任务；让他出使国外也不能独立应对外交事务；这样，书虽然读得很多，可又有什么用处呢？这不正是高等教育中致力于培养创新与应用人才的历史映照吗？最后，孔子主张"知者乐水，仁者乐山。知者动，仁者静。知者乐，仁者寿"（《论语·雍也》），在教育中非常注意培养生态观念。提倡君子应该仁民、爱人、乐山乐水，要求弟子将人间和谐与自然和谐统一起来，把生态伦理教育有机融入人伦道德教育中。孔子的教育思想对改变目前大学高等教育重专业知识传授而轻价值观培养的教育生态失衡状态具有重要意义。在德育中渗透生态观教育，注重教育的开放性，以人为教育的主体和目的，尊重教育的多元和平等性，这些观点至今仍然闪耀着未被历史尘埃掩盖的光辉。通识教育与教育生态理念的契合"通识教育"也称为普通教育或一般教育，它是大学教育中区别于（或相对于）"专业教育"的一个概念。通识教育注重更广泛、更深入的有关人文、社会和自然的基本知识的教育、人类文化遗产的传播及对学生人格的教化作用。用生存哲学和生命哲学的视野来理解教育对人的心灵、情感和创造的价值，通识教育是最好的教育方式。通识教育不是训练学生某一方面的技能，而是侧重于训练学生的有效思维，从思想上去提高学生表达、判断和鉴别的能力，"并以此使学生的感情和理智都得到发展，从而有助于造就全面发展的人"。通识教育并不仅仅是一种课程类型，更不仅仅是一种培养模式。从生态学角度看，通识教育实际上是一种教育理念，"强调能力和心智的并养，专业教育和综合素质教育的均衡发展，人的人文素质与科学素质的和谐发展"。这种教育理念本质上体现了生态的整体发展观。美国哈佛大学"将通识教育分为7个领域，即外国文化、历史研究、文学与艺术、道德思考、社会分析、定量推论和自然科学"。这是西方通识教育的典型写照。而作为我国的通识教育典范，复旦大学分了"文史经典与文化传承、哲学智慧与批判性思维、文明对话与世界视野、科技进步与科学精神、生态环境与生命关怀、艺术创作与审美体验"6个板块。不难看出，这些通识教育的领域都与教育生态理念息息相关。从教育功能上说，"人文、社会科学类的通识教育有利于培养大学生的生态人格，促进其生态道德观念的形成和人性中真善美的发扬；工程、自然科学类的通识教育有利于培养大学生生态文明建设的能力，使大学生深刻认识到科技进步和创新是实现资源节约和环境保护的最佳途径"。

大学语文教育应当也可以作为基础课程，承担通识教育中人文的核心功能，这与教育生态理念是完全吻合的。徐中玉先生就认为："大学语文课程在大学阶段应是重要的'通识'课程，贵在以学生的需要为中心，力求引导学生，使他们确立自觉、积极学习的态度。"素质教育是一种可持续发展的生态教育理念，联合国环境与发展委员会在1987年公布的报告《我们共同的未来》中指出"为达成可持续发展所需的转变，教师扮演着决定性的角色"，首次提出了"可持续发展"概念，引起国际社会的广泛注意。此后，国内外的教育家从可持续发展的概念和原则出发，提出了教育的可持续发展思想。对教育领域来说，可持续发展的教育作为一种追求生态平衡的教育，"既要满足当前社会对教育的需求，又要满足未来对教育的要求"。那么从教育指向来说，能够实现可持续发展的教育，只能是素质教育。素质教育的核心是以人为本，致力于使学生"具有初步的创新精神、实践能力、科学和人文素养以及环境意识；具有适应终身学习的基础知识、基本技能和方法"。在生态学理念中，人是自然的人，教育需要尊重人的自然性、习性，也就是尊重生命。因此，素质教育的本质就是回归生命本体的教育，一种可持续发展的生态教育。教育生态平衡要实现，就必须全面推进素质教育。因为"只有实现了教育生态的平衡，才能实现真正意义上的素质教育"。对大学语文来说，也必须是素质教育，实现可持续发展的教育，才能实现人的全面发展这一教育目标，也才能让大学语文教育既满足当下又着眼未来。首先，大学语文教育必须遵循可持续发展规律。可持续发展理念要求大学语文教育不仅仅关注教育本身，更要注重与社会、经济、文化等各个方面各个领域的连接协同，只有素质教育能让彼此都达成可持续发展的共识，并共同努力，促进整个社会的可持续发展。

其次，大语文观是一种普遍联系的生态教育理念。大语文观是指以科学的人文精神为指引，以全面发展的人才为培养目标，从多种角度和途径，全方位立体化学习语文知识，从而实现语文教育目标的思想、观念和方法。长期从事语文课程、教材研究与小学语文教材编写工作的崔峦说："学习母语，是靠尽可能多地接触语言材料，尽可能多地利用语文教育资源，在大量的、丰富多彩的语文实践中培养语感，逐渐感悟习得，逐渐掌握运用语文的规律。"把语文看作母语教育，把语文教学置于社会生活中，利用生活作为语文教育资源，在实践中学习和使用语文，这就是大语文观。大语文观从本质上看，就是一种教育生态理念。二者共同的哲学基础是，认为教育内容、教育资源和教育环境作为生态因子，是互相联系、相互制约，并动态生成的。

大语文观不再将教育资源局限在教材课本中，不再将教育过程框定在学校和课堂上。大语文观重视环境对教育的影响，让教育过程覆盖到生活的方方面面，不孤立看待教育问题。这与生态哲学中的整体观和普遍联系的理念不约而同。这种契合就要求语文教育需要遵循整体性、系统性，具有开放性、尊重生命性，追求生态平衡。体现在教育环境上，就是将整个汉语社会看作语文教育的大课堂，全方位分析环境与人的互动共生关系；体现在教育资源上，就是把生活交际的一切都作为教学文本和实践载体；体现在教育方式上，强调综合性、自主性的对话式教学；体现在教育评价上，就是注重过程性评价，尊重多元化。在大学语文教育的范畴内，大语文观也是教育生态理念在指导思想上的体现。在观念上，要高；在内容上，要全；在方法上，要变；在范围上，要广。这需要大学语文教育的管理者、实施者和研究者共同去学习、体会、总结和实践。无论是高等教育中的概念"素质教育""通识教育"，还是语文教育中的概念"母语教育""大语文观"，都是一种教育生态理念，符合生态学的认识论和方法论，也因此可以说明，从生态学的视域去开展大学语文教育研究，是完全可行和必要的。

五、大学语文教育的生态因子

大学语文教育生态系统的生态因子有很多，任何与大学语文教育相关的教师、教室、教材等都是其中之一。对于大学语文教育的良性生态因子，根据失衡问题的分析，笔者认为主要包含教育主体、教育资源、教育过程、教育环境、教育关系、教育规律等。主体、资源和过程侧重于大学语文教育体系内部的建构与完善，环境、关系和规律则指向对大学语文教育有较大影响的因素分析和利用问题。这些生态因子共同构成了大学语文教育的生态系统，共同促进大学语文教育的生态平衡发展。而各个生态因子系统的互相制约和共生发展，也是大学语文教育生态系统能达到平衡发展的决定性因素。根据生态因子的不同，大学语文教育生态系统可分为教育主体系统、教育资源系统、教育环境系统等，任何一个因子系统发展的超前或者滞后，都会直接影响其他因子系统，从而造成大系统的割裂与失衡。

教育生态系统因子中，教育生态主体和教育生态环境是两大不可分割的部分，也是一个由多种生态因素组成的复杂整体，它们"都对教育者和受教育者在教育活动中的认知、情感和行为产生影响，对教育活动进程和效果施加持续的系统干预"。因此，要讨论大学语文教育的良性生态因子，最重要的是考虑"两个主体"和"三个环境"："两个主体"指教育者和受教育者，"三个环境"是指自然社会环境、学校家庭环境、个体内在环境。除此之外还有"两个关系"和"三种规律"："两个关系"指人与人的关系、人与环境的关系；"三种规律"指自然规律、社会规律、教育规律。

（一）大学语文教育生态主体

从生态哲学的意义来看，生态就是由生命要素组成的主体的自我成长和更新。而在教育中，这个生命要素组成的主体就是人。因此，大学语文的良性教育生态主体是人，目标就是培养人、生态自然的人、平等共生的人。回归教育生态主体的自然性，这里所说的"自然"，不同于古代农业文明中处于被动仅仅敬畏的"自然"，而是生态文明时代里主动生态化的"自然"。也就是尊重人的个体价值，尊重生命本身的意义，顺其自然去引导，使之成为他应该成为的那个人。首先，这是自然规律的根本要求。马克思在《1844年经济学哲学手稿》里明确指出："人作为自然存在物，而且作为有生命的自然存在物，一方面具有自然力、生命力，是能动的自然存在物；这些力量作为天赋和才能、作为欲望存在于人身上。"人是自然界的一部分，追求教育主体生态化的自然，是顺应自然规律的必然选择。这要求大学语文教育重视人的自然属性，不揠苗助长，更不能过多去干涉和破坏人与自然的和谐共存与发展。其次，这是人和谐发展的真实需要。人本身是由具有自然性的生命要素构成的，人的发展与自然规律、自然环境、自然因素息息相关。要达到人的和谐发展，就需要在教育过程中主动发现和把握人的身心发展自然特点，遵守其自然发展规则，积极寻找人在教育中的生态位。生态心理学等研究人类身心规律的学科不断发展，为大学语文教育目标的生态自然提供了有利条件。这要求大学语文教育关注情感熏陶，尊重个体生态差异，不人为划定一条分数线。最后，这是社会发展对教育的时代要求。当前社会主义和谐社会的建设对高素质的生态型人才提出了要求，这种人才的核心特征就是身心和谐、有强烈的生态理念。生态学家徐嵩龄就曾提出"理性生态人"概念，"要求人们在社会生活中，除了成为某一行业的专家外，还应具备与其职业活动及生活方式相关的自觉环境保护意识"。云南大学生命科学院博士生导师段昌群教授认为生态意识和生态道德的形成，都依赖生态教育。

这就要求大学语文教育在生态型人才的培养中发挥功能，在对教育主体的把握中体现强烈的生态性，实现两个教育生态主体的平等共生。大学语文教育生态系统的主体包括教育者与被教育者。二者的相互共生，是教育生态平衡的关键要素。教育者和被教育者在教育系统中互相依存、相互作用，且能够彼此转换。首先是教育者的客体化。大学语文的教育者首先也应该是个受教育者，母语的学习是终身的，教育者对语文的学习也应该是伴随一生的。因此，在教育过程中，要求教育主体能主动意识到自己的客体化，并能够在大语文教育体系中接受教育。其次是实现被教育者的主体化。受教育者在教育过程中不能始终处于被动接受状态，而应该成为学习的主体，主动学习。最后是实现教育者与被教育者的平等化。大学语文教育关系的三个层次，最低层次是教师主体化，较高层次是学生主体化，最高层次则是师生真正的平等，也就是教师会教、学生会学，师生各自以一种理想能量的互动关系存在，既不失位，也不越位，共同协调、促进大学语文教育的和谐发展。在教育者与被教育者的平衡中，还要求社会给予足够的支持，建构起覆盖全社会的教育网络体系，让教育者和受教育者都有足够的社会资源支撑学习，而不仅仅限于课堂。

大学语文教育生态环境教育的环境往往是自然因素、社会因素和文化因素(包括人的心理、生理因素等)相互交叉渗透、融会贯通的复合生态系统,也可视为是由教育的自然环境、社会环境、规范环境和教育对象的生理和心理环境的综合。教育生态环境对大学语文教育的发生、存在和发展产生着影响与反影响作用。大学语文教育不仅需要积极主动地去适应环境的发展要求,同时也能积极有效地利用环境获得自身更好的发展。

因此,大学语文教育生态系统,时刻与外部的社会生态环境和内部的主体生态环境发生着作用,并通过不断适应和能动地影响环境,使其达到动态平衡。这样的互相适应和改造的过程就是对大学语文生态环境的优化。大学语文教育的生态环境可以分三个层次:一是外部的自然和社会生态环境;二是学校和家庭环境;三是包括个体心理和生理等内在的环境。因此,大学语文的良性教育生态环境包括三个方面。

1. 贯穿生态文明价值观的社会生态环境

经济发展的模式和速度、经济增长方式和利益追求方式都会对教育产生一定的现实影响,大学语文也不例外。在市场经济快速发展的背景下,追求物质利益最大化和快速化,让大学语文教育陷入了工具性的旋涡,能说会写成了大学语文最简单直接和有效的功能。对传统历史文化的淡化、快餐式娱乐流行文化的冲击,让大学语文在人文性功能上也产生了异变,深刻性系统式的审美体验被浅表化碎片式的阅读理解所掩盖。功利价值观对大学语文教育直接产生了负面的影响,弱化了大学语文教育的地位和作用,造成了边缘化的尴尬处境。要实现其对大学语文的积极促进作用,营造贯穿生态文明价值观的社会生态环境,需要社会各界的共同努力。

2. 开放自主、教学相长的学校生态环境

学校生态,包括了学校以学风为代表的学习氛围、以教风为代表的教学氛围、以校园文化为代表的文化氛围。因此,大学语文教育需要营造一种开放自主、以学生为本的生态环境,让学生自己把握学习的主动性;同时也需要营造一种教学相长、专心从教的生态环境,让教师在教学中展现价值,而不仅仅是传授知识的工具;此外还需要营造一种学校开放包容、自由文明的生态环境。转变象牙塔自我封闭的办学模式,从教育管理理念上就树立起大语文观,与学生家庭、其他高校、中小学等社会各界形成整体效应,形成氛围融洽重视母语的家庭生态环境。

　　家庭教育是大学语文的重要教育资源，父母及其他亲人也是大学语文重要的教育者之一，潜移默化地发挥着或正或反的作用。作为母语教育，大学语文教育比其他学科更容易受到家庭因素的影响。家庭生活是大学生日常生活的重要部分，家庭在母语的学习和使用中占有不可替代的独特位置，因此也成为大学语文教育重要的教育资源和实践平台。一个良好的家庭文化氛围，能有效提升大学语文教育的实际效果。而作为人际关系中的重要部分，父母及其他亲人的语文素养、教育理念和学习方法，对大学生也有着润物细无声的潜在影响。有效的大学语文教育，应充分肯定和利用家庭对大学生良好语文素养形成的积极因素，让学校、家庭和社会在密切结合和相互促进中推动大学语文教育的发展。

　　3.健康稳定积极向上的个体内在环境

　　个体内在环境指的是受教育者个体内在的身体、心理因素。身体因素是比较容易理解的，健康的身体是学习的基础条件。而同样的，心理因素也是学习中有较大变量的生态条件。越来越多的人开始认识到健康的重要性，积极锻炼打好身体基础，是有效学习的先决条件和必要条件，对大学语文而言亦是如此。而心理因素就较为复杂，需求、愿望、情感、认知、信念等都是。因此，大学语文教育在个体受教育者身上到底实效如何，兴趣、意志、性格和习惯都会起到一定的作用。

（二）大学语文教育生态关系

　　教育生态系统中，生态关系就是指与教育相关的所有生态因子之间及其与生态环境之间的关系。那么，在大学语文教育生态系统中，就是师生、生生、与父母及其他亲人之间的人际关系，以及个体与大学语文教育环境之间的关系。各种生态关系形成了生态链，任何一种关系的破损和断裂都会引起生态链的危机，从而影响生态系统平衡。

　　大学语文的良性教育生态关系首先分为人与人之间的和谐关系、人与环境之间的和谐关系。人与人之间的和谐关系首先是平等和谐的师生关系。师生是最显性，也最直接作用于大学语文教育的人际关系，因此备受关注。在生态系统中，师生关系不是教育者与被教育者之间的固定模式，而是可以互相转化的。在终身母语教育中，教师既是教育者也是受教育者。作为独立的生命个体，师生之间也应该是平等的。但目前大学语文教育的现状是，受传统教育体制的惯性影响，教师仍然处于主导的位置，学生处于被动接受的位置，且带有高等教育阶段较为突出的师生关系疏离问题。

因此，在大学语文教育生态系统中，最首要最关键的关系有四：一是师生关系，使之平等、协调、合作、对话、互相促进、彼此交融。这方面的策略已经研究较多，本节后面也会专门谈到这个问题。

二是融洽和谐的亲情关系。前面谈到作为人际关系中的重要部分，父母等亲人的语文素养、教育理念和学习方法，对学生有着润物细无声的潜在影响。这一点在幼儿教育研究中和实践中已经得到了验证，但在高等教育阶段却没有引起足够重视。教育从来都不仅仅是学校和老师的责任，也是社会和家庭的义务。作为最重要的交际工具，母语在父母等亲人与学生个体的交流中有举足轻重的作用，从而也对大学语文教育的外在系统起作用。一个不重视语文教育并很少与孩子讨论语文素养、文化传承、审美体验的父母，带给孩子学习语文的兴趣和态度都会是负面的。而目前功利价值观影响了不少在职场打拼的父母，也同时将"学英语才有用""中小学都学了语文就够了""会读会写就是学好了语文"这样的观念传递给了学生。重视大学语文教育中的亲情关系，将其纳入教育系统中，并着力发挥其正面引导作用，是研究者和实践者都应该引起注意的课题。

三是合作和谐的生生关系。作为独立生命体，学生在教育生态系统中也与其他个体之间有着相互影响的密切联系。在课堂上学生之间的关系比任何其他因素对学生学习的成绩、社会化和发展的影响都更大，但课堂上同伴相互作用的重要性往往被忽视。但这种生生关系长期以来并不为大家所重视。王策三先生在《教学手稿》中所说的"缺乏真正的集体性，每个学生独立完成学生任务。教师虽然向许多学生同样施教而每个学生各以自己独特的方式去掌握。每个学生分别对教师负责他们即学生与学生之间并无分工合作，彼此不承担何责任，无必然的依存关系"，这样的情况在大学语文教育中随处可见。因此，在大学语文教育中，需要更多组织和调动学生之间的合作精神，促进学生之间情感的交融、思维的碰撞。

四是团结和谐的师师关系。和生生关系同理，教师与教师之间的关系也是有一定影响的。教师个体之间的社会责任、社会权利和社会地位都是平等的，因此平等互尊是最重要的交际原则。这要求教师之间互相尊重、互相欣赏，在学生面前自觉维护其他教师的权威，给予其他教师的教学思想、方法和劳动成果足够的尊重。同时自觉营造好团结协作的氛围，让教师之间存在的意见分歧，通过交流对话的方式加以解决。一个积极向上、团结协作、理论联系实际的大学语文教师团队，对教师自身素养的提高、教育理念的提升、教学水平的加强都是有积极促进作用的。

  反之，单兵作战或同事对大学语文教育的认同感非常低，教师的教育热情会很快被浇灭。而且值得注意的是，教师处理同事关系的行为为学生与同伴群体、成人交往提供了参照，是学生学习语文的学校生活环境，学生往往会将教师之间的交往行为与语文教师传递的人际关系处理理念相印证。

  人与环境的和谐关系。大学语文教育的生态环境前面已经讨论过，不管是教育者还是受教育者，与社会、家庭学校及个体内部环境之间都存在着各种复杂的关系。普遍联系，这是生态哲学的重要观点，也是对大学语文教育优化的重要启示。这些复杂的关系包括范围非常广泛。例如从宏观来看，教师与政治、社会、经济背景之间的关系，学生与社会道德水平之间的关系，以及师生与高等教育发展之间的关系；从微观来看，师生与教材、课堂的关系，与网络社会媒体交流之间的关系；等等。环境是个复杂的多面体，因此人与环境之间的关系优化也是一个复杂的多元体系。这要求我们尽可能全面去考察大学语文教育面临的各种环境要素，去分析各个要素对个体的正反作用，并对其权重有所判定。在具体的教学实践中能够全面、系统、动态去看待每个要素，并着力于发挥其正面作用，抑制和规避其反面作用，这对大学语文教育效果也是非常重要的。每一种生态关系都存在紊乱和协调、互补和对冲等关系。对生态关系的优化，就是让生态关系处于相对整体协调、互补共生的状态，尽量避免紊乱和对冲相克。大学语文的良性教育生态关系就是人与社会、学校、家庭之间的和谐共处，以及人与自身个体内在环境的和谐统一。

  大学语文教育生态规律是事物存在和变化过程中所固有的、本质的、必然的稳定联系。任何事物运动过程都是有规律的。生态规律，就是生态运动过程所内含的固有、必然和本质的联系。

  大学语文教育的生态规律按照所属领域不同，分为自然生态规律、社会生态规律、教育生态规律。

  1. 关注生命价值的自然生态规律

  任何一种生态规律的提出都是以生态哲学为基础的，而尊重自然性是生态观的重要观点。因此,生态系统首要的还是遵守自然生态规律、尊重人与事物的自然性。教育不例外,语文教育更不例外。在大学语文教育领域,首先就是树立自然生命观,将人回归自然生命体的本性,关注生命价值,并用自然的眼光去认识和理解自然界的事物。

2. 关注母语交际的社会生态规律

社会生态规律是指人类生态系统或社会生态系统的运动规律,是主导人类生态运动过程的规律。人类生态系统与纯粹的自然生态系统不同的是,以人和社会组织为主体,沿着维持人的生命存在,以及社会繁荣的方向来运行。因此,可以说社会生态规律既包含了自然生态规律,又因为有人为的介入和目标,比自然生态规律具有更复杂的形式、内容和特点。在我们的社会现实当中,母语交际贯穿了社会发展的各个环节。因此在大学语文的良性生态因子中,需要我们尽可能去认识和理解与之相关的社会生态规律,融入大学语文教育过程中来,特别是重视母语交际的社会生态规律,在母语历史文化积淀、语言的发展规律等方面需要更多的结合交叉和统筹思考。

3. 把握语文本质的教育生态规律

规律其实就是一种关系,但不是任何一种关系都是规律。各种关系当中最本质的关系才是规律。教育中的关系非常多,教育者与被教育者之间、教育者之间、被教育者之间、教育主体与环境之间、教育方法与教育评价之间等。这些关系当中,最本质的必然的关系,就是教育规律。在众多纷繁复杂的教育现象中,如何去梳理总结归纳其本质联系,辨别、发现和把握教育规律,是大学语文教育生态系统需要重视的地方。教育生态规律很多,在大学语文教育生态系统中我们讨论其中较为常见和重要的三个:耐性规律、限制因子、富集。首先是耐性规律。美国生态学家谢尔福德 1913 年提出了耐受性定律(law of tolerance)。这个规律指的"是生物的存在与繁殖,要依赖某种综合环境因子的存在,只要其中一项因子的量(或质)不足或过多,超过了某种生物的耐性限度,该物种就不能生存或者灭绝"。

在大学语文教育中,教育者和受教育者的比例不合理,学生人数过多,则会直接影响个体教育效果。教育者在教育过程中如果忽视了受教育者的接受程度,过快过慢都会影响受教育者的学习兴趣和态度。这个规律需要我们研究教育生态因子的耐受度,并让各个因子在正常的耐受度范围内发挥更大的作用。其次是限制因子。在教育生态系统中,临近或者超过耐性限度的生态因子,就成为该教育生态系统的限制因子。限制因子的存在制约教育系统的正常运动和发展，需要我们不断去发现和优化。教育生态系统中的限制因子是多种多样的。例如目前学生人数过多、专业教师过少，都是大学语文教育显性的限制因子。从影响大学语文的要素上看可以分为自然的限制因子、社会的限制因子、精神的限制因子等，要看到这些限制因子的客观限制性，足够重视、理性分析，排除限制作用和影响。最后是富集规律。教育生态系统中的物质流、能量流、人才流、信息流等高度集中，造成富集现象。教育生态系统中的富集现象一方面可以促进教育生态系统的发展，对整个生态系统的优化起作用。但另一方面，在一定时间和空间的前提下，如果个别富集度过高，也会产生不平衡，对生态系统的优化起到反作用。例如大学语文教育中，在课程地位和教育资源没有较大改善的前提下将师资力量快速增强，教师学历层次提高到博士，职称提升到教授，失去了良性竞争共同进步的空间，反而会制约整个教师队伍的健康发展。这就需要我们关注教育富集现象，避免其反作用。以生命关怀为出发点和落脚点，重视各类生态环境的影响，关注各种复杂的语文关系，尊重各种生态规律的大学语文教育，可称为生态的大学语文教育。因此，大学语文的良性生态因子包括体现自然性、追求平等共生的教育生态主体；贯穿生态文明价值观的社会生态环境、开放自主教学相长的学校生态环境、氛围融洽重视母语的家庭生态环境、健康稳定积极向上的个体内在环境；和谐的人与人之间关系、人与环境之间关系；关注生命价值的自然生态规律、关注母语交际的社会生态规律、把握语文本质的教育生态规律。每一种因子都保持良性状态，这是一种理想，绝对化的实现也许不可能，但我们可以也应该向这样的理想不断靠近。

三、大学语文教育的生态特征

生态系统理念和动态平衡理念是生态哲学的基本理念，生态圈理论、全面和谐发展理论、可持续发展理论是生态哲学的三个基本理论，整体观、和谐观和发展观是生态哲学的三个基本观点。从这个理论基础出发，本节认为大学语文教育作为复合生态系统有以下几个特征：

（一）大学语文教育的整体有序性

生态系统的整体性观点是生态哲学的基本观点。大卫·格里芬的有机整体论指出，世界是一个网络，整体与部分、部分与部分之间相互包含。生态系统的整体性主要表现在其和谐、有序性且动态变化。那么，相应的大学语文教育生态系统也有和谐、有序和流动的特点。大学语文教育受社会、文化、经济的环境影响，彼此适应互相统一。大学语文教育内部的各个生态因子，教师、学生、教材、教学法也是互相联系、彼此作用的。在大学语文教育的系统内部，还有多个子系统，这些子系统有自己的位置和秩序，但同时不管是生态因子还是子系统都在不断动态变化中。这种和谐、有序和动态变化共同构成了大学语文教育生态的整体性特征。

（二）大学语文教育的普遍关联性

德国生态哲学家汉斯·萨克塞指出，"生态哲学的根本任务就是告诉人们用广泛关联的整体观点看问题"。"生态学的前提是自然界所有的东西联系在一起的。"美国生态学家巴里·康芒纳在《封闭的循环》中指出"每一种事物都与别的事物相关"。生态系统的每一个环节都不是孤立存在的，必然与其他的环节相关联，牵一发则动全身。因而，大学语文教育生态系统内部的每一个生态因子都是普遍联系、相互作用的。每个生态因子的变化，都不可避免地会引起其他因子的变化，因此各因子之间需要互相约束共生、协调发展。同时，生态因子与外部环境之间也是有联系的，大学语文教育与自然环境、社会文化、政治背景、科学发展等因素都是有着密切关系的，绝不能单单从大学语文的视角来看大学语文的问题和出路，必须结合起来研究。了解这一点，对我们全面把握大学语文教育的问题，建构优化的实施策略有着重要的意义。

（三）大学语文教育的过程共生性

大学语文教育生态系统具有协调共生的特性，而且这种共生是在系统中的生态因子互动的过程中产生的，包括的是系统内部的教育主体之间、教育主体与教育环境之间，以及大学语文教育生态系统与其他学科教育生态系统之间的共生和竞争。这种共生和竞争都应该是不断在运动变化的，没有永远的朋友，也没有永远的敌人，一切都在过程中。从这个意义上说，大学语文教育的生态因子之间是平等的，生态因子之间、生态子系统之间是可以正当、合理、良性竞争的，只有在过程中协调共生，才能促进大学语文教育的全面、健康、可持续发展。

（四）大学语文教育的动态平衡性

生态系统的动态平衡，强调的是人与自然、人与社会、人与人的和谐共生。

它指的是在某一个时空范围内,生态系统的结构、物质和能量的流动都处于一种相对稳定的状态,但这种稳定不是绝对的静止,而是处于相互适应与协调的动态之中。因此,动态平衡规律同时具有动态和平衡的特性,也就是说,在长期来看是具有绝对动态性的,但在某个时期内需要保持相对静态的平衡稳定性。在大学语文教育生态系统领域,要求大学语文教育生态系统在一定的时空范围内,在具体的条件背景下应该在结构、物质和能量的流动中都处于一种相对稳定的状态,教育因子变化太多太频繁会让师生无所适从。但同时又要保持流动性,防止停滞不前,在不断适应和协调中去动态地实现系统的平衡。

(五)大学语文教育的自然生命性

生态哲学的观点是建立在尊重自然基础上的,自然规律必须遵循,人的自然性也必须遵从。这就让教育生态系统和其他自然生态系统一样,具有了强烈的自然属性。对人来说,最自然的属性莫过于生命。不同年龄阶段的人对教育的需求和理解是不同的,即使是相同年龄的人对教育的接受度也不一样。所以教育并不是要让所有人都成为一种类型,而是需要顺其自然又因势利导,使其成为自己应成为的那个人,保持对生命个体的尊重。因此,大学语文教育系统的自然生命性,就是系统在自然生态中的本原状态,以及生命至上的教育观。各生态因子都有自然性,回归自然本质,把握和遵循自然界的各种规律。同时,又在系统中尊重每个生命体的存在价值,让教育者和受教育者都回归生命体的本质。只有这样,才能让大学语文教育生态系统符合生态哲学,实现真正的和谐。

(六)大学语文教育的主观能动性

和自然生态系统不同的是,教育生态系统与人的生命息息相关。人又是有意识的存在物和社会存在物,人具有智慧,能主动认识和改造世界,主体主动性在这里达到了高级的形式。人类正是站在其所在的生态系统的最高控制点上。因此,大学语文教育生态系统是人类可以控制的社会生态系统。人是系统中的主体,系统中的其他因子都可以通过人类的各种主观努力去建构、改善和调控。分析和把握大学语文的生态特征,对我们更准确地探寻大学语文在生态学视域下的历史、现状和发展方向,有一定的促进作用。这几个特征之间本身有一定的交叉融合,因此也不能去孤立看待,整体性仍然是最基本的特征。这就需要我们积极探索和把握基本的生态规律,并在不违背其基本生态规律的前提下,主动去协调、优化大学语文教育生态系统的各种生态因子,以实现各因子的位置的最优化、功能的最大化、互动的和谐化,最终去实现大学语文教育生态的综合平衡。

把目标定为"提高学生的听说读写能力""培养学生的文学鉴赏力，提升写作技能"等。这样言之无物的教学目标形同虚设，没办法具体指导课堂教学，更无从谈起对教学效果的评价标准。

一是综合性太强，缺乏语文味。大学语文教师知识相对中学教师更加渊博，对自身的专业研究也更为深刻。这个特点造成某些大学语文教师在教学目标设定时，过于宽泛，过于跨学科。例如在讲到某诗歌时，不仅将诗歌产生的背景和诗人的写作背景都介绍了，还花了大量时间延伸到诗人所处朝代的政治、经济、文化生活的方方面面。语文的外延与生活相同，不管是历史、地理，还是政治、经济，必然都是有联系的，因此适当的拓展是有益的，但不能喧宾夺主，让课堂变得不伦不类。由此来看，提升语文素养，让大学语文课堂首先是语文课，设计较为明确的教学目标就尤其重要。

二是分得过细，缺乏整体性。许多老师在制定课堂目标时都采取了罗列"知识与能力""过程与方法""情感态度价值观"的方式，貌似面面俱到、充分详尽，但生态课程观告诉我们，大学语文是一个整体系统的过程，其中的各个因子众多，彼此之间也是互相联系的。因此，无论目标有多少，都应该是整合融汇、相互渗透的，不能分得过清楚过细致过独立。

三是忽略主体，缺乏学生味。受传统教学目标制定的影响，不少大学语文教师在制定目标时考虑的仍然是自己的教学任务如何完成，而很少关心学生如何达到自己的学习目标。"使学生掌握……""提高学生……的能力""培养学生……"，这样的描述仍然随处可见，忽略了学生这一主体的主动性。生态课程观认为学生也是教学的重要主体，生态化教学目标设计的原则根据生态课程的特性，大学语文的教学目标编写首先应有一定的弹性、可变化性和个性；其次强调知识的情景性、整体性，强调知识应在大语文环境中展现，学生应在完成真实任务的过程中达到学习的目的。在设计教学目标时，首先应该根据学生实际情况，弹性设计教学目标。不同层次的学校、不同专业的学生，都是有区别的，这就要求教师在设置教学目标时要留有余地，能够有伸缩的空间。教学目标不完全等同于学习目标，因为学习目标是由学生自己确立的。因此，对教师来说，注意设计的教学目标与学生生成的学习目标有一定的契合度，非常重要。这就要求大学语文教师不能一次备课管好几年，不论哪个专业的学生哪个时间段都用同一个教案。与学生有效沟通，提前了解学生需求和现状，也就是学生的学习能力的起点，这是首先要做到的。在从多数学生实际出发，根据大多数学生的"最近发展区"制定教学目标之后，也需要对个别特别优秀和相对落后的学生有所兼顾，也就是说教学目标的设置应该在某种程度上富有弹性，允许一点个性化的区别。

应该根据教学资源实际情况，系统化设计教学目标。教学目标是一门课程目标的具体化。因此，在制定针对一篇文本、一个教学资源的教学目标时，既要围绕这个文本资源，又不能仅仅把眼光放在一篇文本上。"大语文"的教学观念、母语教育的课程理念、生态课程的特点要求，都需要大学语文教师在制定教学目标时，具有整体观和系统观，根据学生循序渐进的教育规律，根据语言学习的基本规律，根据教学资源的具体情况，有意识地将"这一课"放到一个单元、一个学段的时空中，以及放到一种语文能力、一个人的语文素养这样更庞大的体系中。因此，深入探寻这个教学资源在课程体系中处于什么位置、有什么特点、能达到何种预期效果、与后面的学习有何种关系，是教学目标设计中需要注意的。

应该根据对教学过程的关注，展开性设计教学目标。生态学视域下的大学语文研究认为大学语文教育重要的是过程，而非结果。在对教学目标的设计中，不仅要预期教学效果，更要将目光聚焦到学习过程中学生的行为表现和情感体验上。这就要求大学语文教师认真研读深挖教学资源，充分了解学生，在课程中设计一些能够引发学生思考和讨论的问题，激发学生的学习主动性。但同时，要注意不能将问题抛出来让学生自己去讨论出一个统一的结果。这里所说的大学语文教学目标不应该总是确定的、必须达成共识的，而是在这个讨论的过程中学生能够得到和提升的。给学生展开的空间，这也是教学目标设计中就应该考虑的。最后是应该根据学习者的表现，设计反思性教学目标。生态课程观要求教学目标是开放性的，这符合语文教学的特点。语文能力的提高不是一门课程就能做好的，大学语文教育的教学目标应该是具有一定开放性的，在这一文本中、这一阶段中学生到底能获得什么，这不仅仅是教师的判断，还应该是学生的自我反思。而对大学生来说，对自己的学习已经能拥有足够理性的了解和判断。因此大学语文教学过程之后的结果是教师要考虑到的因素，但教师也要关心学生在教学活动中做了什么、做的结果怎么样，以及学生对学习过程的感受和反思。也就是说在教学目标中设计中就要考虑让学生意识到自己在语文学习活动中做了什么、做的结果怎样。根据迪克与凯里模式，教学目标应由以下三部分组成：第一部分为教学分析中确定的技能和大体的行为，可以既有动作，也有内容和概念。第二部分描述学习者完成任务时的条件，是否允许使用其他资源。这是关于学习者能用什么来完成所期望的学习结果的问题。第三部分是描述用来评估学习者表现的评判标准。

第三节 大学语文生态化教学设计方案示例

任何一门课程都离不开教学设计方案，就是我们通常所说的教案，教学设计方案是对整节课的教学进行的系统规划，通常包括教学内容、教学目标、学习者特征分析、教学过程的设计(包括教学模式与教学策略的选择)、教学评价的设计。在生态学视域下，主要根据迪克与凯里系统教学设计模型，大学语文的生态化教学设计示例如下：

《蒹葭》选自《大学语文》华东师范大学徐中玉主编，第九版。设定学生为新闻专业学生，大学一年级。

一、教学目标设计

1 知识与技能

①温习和加深对《诗经》的创作背景、主要内容等文学常识的了解。

②理解起兴的创作手法，能判断和运用"以景起兴，借景抒情"。

③基本掌握重章叠句、一唱三叹的结构特点。

2 过程与方法

①通过情境导入学习，了解《诗经》的基本文学常识。

②通过小组合作掌握起兴手法和重章叠句的解构特点。

③通过延展阅读和诗歌朗诵，培养语感和审美欣赏能力。

3 情感态度和价值观

①感受诗歌的意境美和语言美，提升文学鉴赏能力。

②培养团结合作、主动与他人交流、敢于提出自己见解的精神。

③体会诗人借景抒情，感受美好情感。

④在对文本的审美中，提高民族自豪感和自信心。

二、学习者特征分析

（一）学习者的学习起点分析

①学习者的一般特征：大学一年级新生一般处于18~20岁这个年龄段，此阶段处于从高考中释放出来，脱离高压管理的最初时期。学生易受外界影响，从而导致成绩两极分化的特点，同时也具有可塑性、主动性和独立性的特点。

②学习者的起点能力：新闻专业学生有一定的语文基础，可以基本理解诗歌语言的含义。中学时代已经学过《诗经》及诗歌的普通常识。《蒹葭》相关的歌曲传唱度较高，媒体资源丰富，可以激发学生的学习兴趣及学习热情。

（二）学习者的学习风格分析

学生的学习风格有动感型、触觉型、视觉型和听觉型，所以在学习时对不同知识的呈现模式会有不同的敏感度。《蒹葭》在教学过程中知识的呈现方式有内容讲解、观看视频、小组讨论、朗诵表演等，可以为不同学习风格的学生提供有效的知识呈现方式。

（三）学习者动机分析

学生学习《蒹葭》有内部动机和外部动机。大学生对爱情比较感兴趣，而这个文本的学习可以为学生提供用美丽优雅的方式表达感情的范本，可以增强学生的学习内部动机。另外，这个文本属于诗歌的经典作品，是教学评价中的重点篇目，可以增强其外部动机。

（四）学习自我效能感分析

学生语文能力和审美能力高低各不一样，学习诗歌的信心不相同，对自己的要求也不一样。在教学过程中，会根据《蒹葭》的重难点进行不同程度的讲解、练习和评估，对某个知识点要求有某百分比的学生掌握即可。同时，教学过程注重协作学习、小组讨论、分享交流，有利于增强学生的自我效能感。

（五）媒介素养的分析

新闻专业学生可以通过网络学习和掌握起兴与重章叠句等知识点，且能进一步拓展诗歌阅读，将其运用到平时的阅读和写作中来。

三、教学资源的设计

(一)设计理念

根据大学语文的基本教学目标和课程定位,对教学资源设计的理念主要围绕以下几点进行:

①以提高全体学生人文素养为目标,既注重知识的传授和技能的训练,也注重对学生学习兴趣、探究能力和创新意识及审美水平、情感体验和民族精神方面的培养。

②注重培养学生协作能力和媒体素养。采用小组合作的教学方法,首先提出问题,让学生猜想与假设,接着教师指导学生根据要求进行资料收集整理、交流与合作等完成探究过程。学习过程中,学生经历自主探究过程,学习科学使用新媒体素材的方法,培养其创新精神和实践能力。

③从生活走向语文,从语文走向生活。教学中贴近学生生活,符合学生认知特点,激发并保持学生的学习兴趣,让学生通过学习和探索掌握诗歌的基础知识与审美方法,并能将其运用于阅读和写作实践中。

④注意学科渗透,通过联系其他学科让学生了解诗歌创作的历史背景和人情风貌,让学生注意学科间的联系与渗透,从而培养学生的知识迁移能力。

⑤注重评价改革导向,促进学生发展。该资源在辅助教师教学时有利于教师注重形成性评价与终结性评价结合。教师不仅注重学生学习成果,同时也注重评价学生的学习过程,以了解学生对学习内容的掌握程度。

⑥重视学生的主体地位和教师的主导地位。整个教学资源的设计充分发挥以教师为主导、学生为主体的教学理念,注重培养学生解决问题、创新等能力及掌握科学探究的思维和研究方法。

主要教学资源:《在水一方》音频、视频文件,《蒹葭》相关影视作品图片,使用起兴、重章叠句的其他诗歌作品。

(二)教学过程设计

课前准备。教师在课前完成多媒体资源的制作。此外,还应精心备课,根据学生的认知水平、语文能力,创设能够调动课堂氛围,使学习气氛更加浓厚,促进学生学习热情探究问题情境。提醒学生提前预习,明确学习目标,收集有关资料。

1. 快速让学生进入问题情境

①充分利用多媒体，根据运用现代技术媒体教学表达直观、生动、形象等优点，利用多媒体资源创设情境，从而激起学生的学习兴趣和求知欲，使得学生注意力集中、精神振奋和思维活动积极，提高学生接收信息的效率，从而提高课堂效率。②从学生熟悉的事物或现象入手，用播放《在水一方》歌曲、请学生即兴创作三句话情书等实例创设情境，贴近学生生活，激起学生的浓厚兴趣和学习热情。

2. 努力营造一种民主、宽松、和谐的教学氛围

探究活动是学生与环境相互的建构过程，教师要创造一个有利于学生探究学习的环境。首先，营造民主的教学氛围，尊重学生发言权。其次，允许学生对教师、教材质疑问难，给予学生思考的自由，让学生在愉快中学习、在发现中学习、在学习中发现。鼓励学生的质疑精神和求异思维，对学生有不同寻常的言论给予理解和支持。

3. 充分发挥学生探究实验的作用

教师要有效调动学生动手和动脑的积极性，让学生在学习中自主探究，使学生思路更加清晰，印象更加深刻，提高学生学习的主动性与趣味性。

4. 培养学生的交流与合作精神

在引导学生进行合作学习时，对学生进行分组，每组5~7人。要求小组内的角色分工要明确，注意发挥每个学生在教学活动中的作用，充分体现分工与协作。此外，还应重视引导学生开展讨论和交流活动，使学生发表自己的学习成果和方法、倾听他人的经验，并进行客观比较和鉴别，从不同角度改进自己的学习经验，提高认识，克服独立学习的片面性和局限性，正确理解所获得的知识。

5. 师生交往的策略

教师要尊重学生的人格、尊重学生的思考方法，营造宽松、和谐、民主的教学氛围。当学生的思维结果错误的时候，要容忍学生，并鼓励学生大胆发言。在课堂中，教师要与学生平等地面对问题，用最精练的语言来引导学生的思维，点拨处于"愤""悱"状态的学生，保证课堂探究的顺利进行。

6. 教学关系

①师生之间的关系。教师在教学中起主导性的作用,给学习者创设情境,提出问题,引发学生思考,指导学习者进行学习活动,讲解知识内容等;学习者是学习过程中的主体,在教师的指导下进行学习活动,发现问题、解决问题。

②学生与学生之间的关系。学习过程中,学生对教师提出的问题进行交流、讨论,小组内成员合作学习起兴手法和重章叠句的结构特点,小组间对各自的归纳进行评价等,学生之间是一种协作学习的关系。

③师生与计算机的关系。在教学过程中,教师利用计算机创设情境,讲授知识点,展示音频、视频等多媒体资源,利用计算机辅助教学。学生利用计算机进行知识点预习活动,运用计算机帮助学习。

教学评价的设计主要是对学生的评价,主要包括学生学习过程的评价、学生学习结果的评价,主要是对小组学习的合作程度、知识掌握程度进行评价。

学生学习过程的评价。学生参与学习活动情况的评价:对教师在情境导入、知识运用等环节提出问题的回答情况及实验探究过程中,学生的活动情况进行评价。学生学习态度的评价:学生自主学习,参加小组交流。

学生学习结果的评价。学习目标达成度:针对知识能力情感的教学目标进行针对性评价。达标测试:自查,反思自己对起兴和重章叠句的知识点掌握。实践作品:改写《蒹葭》或创作多媒体作品。大学语文生态课程是灵活多变的,迪克与凯里教学设计也是一个开放的模式,将它应用于以"学"为中心的系统化教学设计主要是侧重于设计过程的指导和组织,并不是在教学设计过程中的机械套用。因此,在使用过程中大学语文教师可以根据具体的教学内容来增减其中的部分或改变设计的顺序,以适应大学语文生态课程的特点,满足学生的需求,改进教学手段,实现教学目标。

第三章 大学语文教学模式

第一节 语文教学模式的创新思考

一、开放式语文课程教学模式

语文学科在很多高等院校中地位不是十分突出,原因虽是多方面的,但也与其自身比较陈旧的教学模式有很大关系,具体为课程定位模糊,教材、教学内容、教学方法、教学手段和考核方式的固定化和封闭化,很多方面依旧沿袭高中语文教学模式。因此有必要创建一种开放式的大学语文教学模式,以激发学生的学习兴趣和提高大学语文的教学质量。这种开放式的语文教学模式主要有以下几方面特点:

(一)针对学生特点,明确课程定位

语文课程的基本定位是工具性与人文性的统一,但大学语文在工具性和人文性统一方面应该有别于中小学语文,应以人文性为主、工具性为辅。十几年的中小学语文教学在很大程度上偏重于工具性,这是由教育对象的生理特点和知识水平决定的。高校学生生理和心理逐渐成熟,已具有一定的听、说、读、写基础,但随着学习专业的不断细化,所接触的人文课程比较少,许多学生除专业外,对文、史、哲等优秀文化传统了解较少,导致知识面狭窄,精神平庸化与冷漠化,因此他们迫切需要人文精神教育。

"大学语文的综合任务,即在于培养高校学生的人文素养,塑造他们健康的人格,提高他们审美的能力""大学语文是知识课、文学课,更是一门人文精神的传播课"。大学语文在人文精神教育方面具有独特作用。大学语文所选课文皆为文质兼美的佳作,其优美的语言、鲜明的形象、独特的思想、闪光的

人性、真挚的感情、含蓄的哲理，具有春风化雨、育人无声的效果。把人文性作为高校阶段的语文性质的主要内容，并不是说语文的工具性在此阶段消失了，而是强调在不同的教育阶段语文有不同的任务。大学语文的人文性教育是通过语言文学作品的教学实现的，不可能离开对语言文字的分析理解和运用，人文内涵丰富的名篇自有其语言文字表达上的妙处，学生在对其欣赏感悟中自然会产生学习语文知识的兴趣，获得语文知识水平的提高。

审美教育是培植人文精神的必由之路，大学语文本身就是一门美的课程，"意美以感心、音美以感耳、形美以感目"的汉字，抑扬顿挫具有音乐美的汉语音节，精练雅致的文言，活泼晓畅的白话等，这些都是精美隽永的审美意象。语文学习从某种意义上说是一种审美的过程，教师要善于引导学生深入细致地欣赏文学经典名篇中的思想情感之美和语言表达上的文学艺术之美，通过开掘隐含在文本中的真善美唤醒学生的求真、向善、爱美之心，通过审美教育滋润、净化学生的心灵，把学生的精神不断引向光明与崇高。在现代社会，人们承受着越来越大的工作压力、就业挑战，诗意的人生追求变得越来越稀薄、越来越脆弱。因此，加强语文审美教育，拓展学生心灵的审美空间，将具有深刻的现实意义。

（二）结合专业需求，灵活使用教材

教材是语文教学内容的一种载体，是学生学习的材料。目前，高等院校几乎通用同一本教材，缺乏针对性。在高等院校中，不同专业学生的语文基础不同，对语文学习的要求是不一样的，教材一刀切显然不合适。例如，理工科专业可以选用现当代和外国文学作品占比重大的教材，因为理工科学生古文基础比较薄弱，现代汉语作品可以减少他们阅读时的文字障碍，激发他们学语文的兴趣；而文科专业选用古典文学作品占比较重的教材，进一步提高文科学生的文学素养和文化修养。

教师可在以优秀统编教材为主的基础上，根据学校的特点补充一部分自编讲义。以建筑类专业为例，它包括土木工程、建筑学、城市规划、园林、景观、环境工程等专业。建筑与文学关系源远流长，很多建筑物的流传，很大程度上依赖文学名篇，如碑文、亭记、楹联、题匾等。这些以建筑景观为题材的文学作品既是诗文与建筑艺术最直接的结合，又是文人参与建筑创作、表达建筑意境的主要手段，对建筑景观有画龙点睛之效果。我国观赏景观的一个主要特征就是自然山水、园林建筑和文学元素的融合，如滕王阁借王勃诗句"落霞与孤

鹜齐飞，秋水共长天一色"以流芳后世、岳阳楼因范仲淹诗句"先天下之忧而忧，后天下之乐而乐"而名扬天下。文学作品使建筑景观含有浓郁的人文色彩，提升了建筑景观的审美价值，如苏州沧浪亭不仅其园名，其园林的基本理念也是来自屈原《渔父》一诗的名句"沧浪之水清兮，可以濯吾缨；沧浪之水浊兮，可以濯吾足"。有些文学作品中还蕴含着一定的建筑美学和建筑理念，如《红楼梦》第十七回"大观园试才题对额"，这一回集中表现贾宝玉"杂学旁收"的横溢才情，同时也刻画了贾政的严厉迂腐、众清客帮闲凑趣的形象。作者也借这一回阐释自己的造园思想，如借宝玉之口"古人云'天然图画'四字，正畏非其地而强为地，非其山而强为山，虽百般精而终不相宜"，阐述了建筑贵在"天然"的理念，暗合明末造园家计成提出的"虽由人作，宛自天开""巧于因借，精在体宜"的造园理论。教师可以在自编讲义中补充这方面作品，帮助学生把语文学习和专业学习有机结合起来，开阔学生专业视野，调节思维方式，激发创造火花，提高审美品位，培育"诗意栖居"情怀。

（三）转变课程理念，拓展教学内容

素质教育要求我们树立大语文观。大语文观主张面向生活、面向大众、面向社会学语文。美国教育家华特·B. 科勒涅斯指出"语文学习的外延和生活的外延相等"，语文是母语教育，我们随时随地都能接触到母语，教师要增强学生随时随地学语文的意识，引导学生把语文学习由课本延伸到生活、由课内延伸到课外、由学校延伸到社会，鼓励学生广泛接触社会生活，参与多样化的语言交际活动，如收看电视新闻、鉴赏名胜古迹、留心时闻要事、参加朗诵、演讲、辩论、写作比赛、下乡宣讲等语言实践活动。不论在学校还是在家庭、在社会，我们都可以随时随地汲取语言材料，提高运用语言的各种技巧，让生活成为语文学习的源头活水。

大学语文教师要时刻保持对现实生活的敏感，对教学内容要不断拓展、局部更新。教师要突破"唯教科书"的思维定式，根据学生的兴趣爱好提供学习材料，并兼顾经典性和时尚性。时代在发展，很多"90后"甚至"00后"学生具有多元化的审美需求和对时尚的偏爱，教师要充分考虑他们的兴趣爱好，引领他们鉴赏那些以前教材中、课堂上未被关注的文学样式，如网络文学、流行歌曲、手机短信等，教师要善于选取其中适合做教学内容的语文素材，引导学生养成正确的审美趣味，提高鉴赏能力。这样把流行文化补充进教学内容，可以弥补统编教材正统性有余、鲜活性不足的缺陷，可以激发学生学语文的兴趣。

（四）强化主体意识，优化教学方法

素质教育以培养人的创新精神和实践能力为核心，这就要求在课堂教学这个主阵地上，要让学生真正地动起来，积极主动地去学习，并养成终身学习的意识，学会自主学习的方法。因此，教学方法必须以学生为中心，激发学生主动参与。

目前，高等院校的语文课基本都是大班上课，以讲授法为主要教学方法，这种方法能够在较短的时间内，有计划、有目的地借助各种教学手段，传授给学生较多的知识信息，教学效率相对较高，更适合规模较大的班级。人们常常将讲授法与灌输式、填鸭式联系在一起，并把教学的呆板、照本宣科、学生缺乏学习主动性当作讲授法带来的必然结果。其实，造成这些弊病的原因不是使用了讲授法，而是讲授法运用得不恰当，即方法本身未能与教师、学生、教学内容及环境相协调。可以说任何一种教学方法都有优点和缺点，主要看怎么用。例如，中央电视台《百家讲坛》的刘心武、于丹、易中天等讲文学、讲历史用的就是讲授法，但照样引人入胜。教师可以借鉴他们的方法，如巧妙剪裁内容、适当制造悬念、适时提出问题、适度穿插花絮，并且讲授语言要既严谨又有亲和力，生动形象、妙趣横生、富有激情，这样自然会激发学生的兴趣和求知欲，并引起他们的注意。

教师要对讲授法不断进行改进和更新，并实现与其他教学方法的优化组合。优化组合一定以教学任务的需要、学生的特点为依据，如诗歌教学中，教师精讲和学生反复诵读结合，鉴赏主要依靠教师精讲，但诗歌的意境和诗歌的美却有待于学生在反复的、声情并茂的诵读中品味、感悟。再如小说教学中，自学法和讨论法结合，教师只需提供相关的背景资料，就可以放手让学生自学，然后组织讨论，分析小说的主题、人物形象等，给学生留下表述自己的思想和感情的机会。

在课堂教学中，教师应充分了解学生的学习情况和情感需求，要善于通过问答式、讨论式、座谈式、游戏式等各种形式，让学生动脑、动口、动手，激发学生学习的兴趣。如果师生能处在一种较为平等的、民主的地位，师生间就有了一种双向的沟通关系，课堂就不再是教师的一言堂，学生也就成了课堂的主人，师生间可围绕一个共同的主题畅所欲言，师生的认识也不再是如出一辙，对于不同的观点，师生都可以做出自己的选择。另外，教师还要对学生进行相应的学法指导。大学语文教师要指导学生掌握科学的学习方法，学会做读书笔

记，指导学生使用工具书、参考书，查阅文献资料，使学生学会在有限时间里筛选、捕捉信息。

（五）开放教学空间，丰富教学手段

大语文观呼唤开放教学空间，并突破以课堂、教师、课本为主的上课形式。作为信息时代标志的网络，是现代语文教育的有力助手，其强大的交互功能为语文教学提供了一个开放性的师生互动平台。利用校园官网、网络课堂、网络论坛、QQ 和 E-mail，师生可以进行直接沟通和交流，双方可以对文章的理解和鉴赏、对语言的运用和推敲发表各自的观点；学生可以自由阐述自己的见解，对教师的观点进行批评和质疑；教师也可以通过这个平台来了解学生的学习情况，对学生的疑问进行答复和指导。学生还可以把自己的得意之作在线发表，从而提高自己的写作水平，体验自我实现的乐趣。在这种互动式教学中，每个学生都可以自主选择学习，充分体现自己是学习活动的主体，平等地实现个性的自由发展与表现。

网络还给语文学习提供了大量相关资源，并且使查阅资料的过程变得方便快捷，如通过百度、新浪、搜狐、雅虎等大型门户网站就能很快查阅到相关资料，这些网站语文资源丰富，针对性强，为语文学习提供了极为有力的帮助。现阶段在课堂教学中，多媒体技术成为重要的辅助手段。这就要求教师不断完善课件制作水平，力图使制作出的课件多媒体化，图、文、声并茂，使课堂教学有声有色，从而增强大学语文教学的趣味性和审美性，使学生在兴奋愉快中调动各种感官进入学习状态。

（六）关注个体差异，实行多样化考核

新的语文教育评价观认为，评价不再是为了甄别与选拔，而是发挥其激励作用，关注学生语文素养和语文能力的提高，并通过教师的分析指导，提出改进计划，以促进学生的全面发展。因此，评价指标应由单一的考试评价向多元的综合性评价转化，注重对学生语文素养、学习能力、情感态度、实践能力和创新精神等的综合评价，关注学生的语文学习过程和人格发展。

教师可以对学生实行多样化的考核，并注重平时的考查。学生生活的丰富性、学习时间的灵活性、需求的多样性、思维的独立性和批判性、参与社会活动的积极性等，都给语文多样化的考核提供了便利条件。例如，课堂朗读背诵、回答问题、写读书笔记、参加演讲辩论比赛、参加大学生社会实践活动、参加

校园心理情景剧创作或表演等都可以作为评定学生学业成绩的依据,还可以尝试开展自助考试,包括自主作文、自办刊物、作家作品专题研究等。为考试注入更多的学习、探索、思考内容,把考试过程变成学习、探索、思考的过程,这也是一种充分发挥学生自主性、展示学生个性的方式。

由于学生存在个体差异,因此教师要从多个角度去评价学生,善于寻找和发现学生身上的闪光点。例如,在阅读理解考核中,要重视学生不同的情感体验和心灵感悟,答案可以是非标准的、开放式的,只要言之成理即可;在写作考查中,作文题目不必死板统一,可以同时出几个题目让学生任选一个,并且话题紧贴学生生活热点,让每个学生都有话可说,把考核和学生平时的校园生活紧密联系起来。

(七)整合课程资源,建立课程体系

大学语文具有涵盖面广、包容性强的特点,涉及哲学、文学、历史、思想、文化、语言文字、写作理论与技巧等多个领域,但均不够深入。因此,可以开设一些人文素质教育选修课程,与大学语文形成一种互补关系。例如,文学艺术类、语言文字类、历史文化类等三大类选修课程,不仅可以深化大学语文的内涵,还可以扩大大学语文的外延,与大学语文一起形成人文素质教育课程体系。我们可以整合这些课程资源,通过大学语文课程,激起学生了解及深入学习相关课程的兴趣,弥补大学语文因其课程特点难以深入学习的不足。

二、"大语文"视域下的语文教学模式

近年来,大学语文的教学环境有了较大程度的改善。与此同时,随着电子媒介时代教育技术手段的进步,原来单一纸质的教材建设逐渐向数字化教学资源集成转变,新形态的大学语文教学模式正在生成。在大学语文具体的教学实践过程中,如何在有限的课时之内,兼顾语言、文学、文化三方面的内容,以教学实绩来彰显其在素质教育中的独特意义和价值,始终是大学语文课程建设的关键问题。笔者认为,以"大语文"的教育理念来观照和建构新形态的大学语文教学模式,不失为一个提升学生语文素养、推进学校素质教育的有效思路。

所谓"大语文"视域下的语文教育,即从灌输学生基础知识、培养学生听说读写能力等工具层面的教学升华到以加强学生审美能力、人文素质为目标的教学,把语文教学拓展到与人生、社会、文化广泛联系的背景之下,构建一个

多元、立体、开放式的大学语文教学格局。从本质上说,"大语文"视域下的大学语文教育是以语言为媒介,以具体作品展示广泛的文化内容,旨在丰富学生心灵世界、构建学生人文情怀的教学活动。它涵盖了语言教育、审美教育及人文教育三方面的内容。就人的文化心理结构来说,它包括认知、审美、伦理三个层面,肩负着工具性、审美性、人文性三重教学重任与目标。这三重目标,都有很强的现实针对性,同时密不可分、不可偏废。丁帆先生说过,兼顾"工具性""审美性""人文性"虽然有可能让语文再次陷入"课程定位不清楚"的尴尬境地,但偏废不得。

在教学活动中,对于大学语文在现代国民教育基础中的重要性,社会各界已经有了充分认识,但在具体教学实践中,仍旧存在泛政治化或泛技术化的误区。应当说明的是,基于"大语文"视域下的语文课,既不同于施行道德训诫的思想品德课,又并非单纯传授语言技能的基础语言课,而应该是一种具有多高纬度、整合视野的教育。从现实情况来看,三重目标相互依存,不可偏废。如果忽视大学语文的工具性目标,将会导致学生运用母语水准的降低。很多学生文笔生涩,缺乏情采,更有甚者,读写能力低下,连写作一篇短文都错漏百出,甚至有学生直接从网上复制粘贴。如果忽视大学语文的审美性和人文性目标,则对于学生审美能力的培养、精神世界的充实,乃至人格的陶冶、境界的提升,都是极为不利的。笔者认为,构建"大语文"视域下的教学模式,应努力做到以下几点:

(一)多重教学要素之间的延展与整合

教学活动始终不能离开教师、学生、教材这几大要素。从学生角度而言,现阶段我们的授课对象是高校学生,他们思维敏捷,易于接受新鲜事物,传统的教学方式、常年不变的教学内容对于他们显然缺乏吸引力。再从教材角度而言,目前大部分教材的编排方式虽然仍以"好文章"或古今中外文学史上经典名篇为主体,但同时也表现了与时俱进、追求新变的气象。

例如,王步高先生将语文教材的功能概括为五项:一是激活、梳理文学知识,使之系统化;二是弘扬传统文化,传播人文精神,促成学生思想境界的升华和健全人格的塑造;三是改善学生的思维品格,使逻辑思维与形象思维相结合;四是便于自学,使教材介于课堂用书与学生自学用书之间;五是提高学生学习兴趣。与此同时,为方便教学,出版社组织专家配套编写教学参考资料或教师用书以及制作助教光盘,开通同步教学网站等也蔚然成风。这种全方位的教学服务，对原有的形态单一的教学方式做了进一步的改善。更重要的是，它对教学实践每个环节中可能出现的问题提供了一套系统的、切实可行的设计方案和解决办法，促进了教学模式的优化。这种将教学活动中多重要素整合配套的思路，充分体现了"大语文"的教学理念。在当今这样一个电子媒介时代，信息技术和检索手段都很发达，如果我们的教学模式还仅止于在课堂上平面陈述作家作品，只会让学生兴味索然。在讲述作品时，应该有宏观的"大文学"的指导思路及中西融合的"大文化"的视野。要注意文学与宗教、历史、哲学等其他学科的融合，在跨文化的视野中拓展教学的深度。

（二）注重作品在当代语境中的意义延展与阐发

"大语文"视域下的语文课程，还意味着教师在讲述作品过程中，要注意将作品的阐释视角延展到当下语境中来。刘勰《文心雕龙·时序》中云："文变染乎世情，兴废系乎时序。"我们的大学语文课程在讲授文学经典篇目之时，应有鲜明的时代气息。在作品阐释中，应与鲜活生动的当代生活现象与文学思潮充分联系，不仅要对作品的经典意义和历史价值做出归纳，还要对其所包含的现代价值理念以及它对当下生活的意义或启示做出充分阐发。这将会比单纯局限于作家生平与创作背景的讲述方式更加有趣、灵活、丰富。随着电子媒介的普及与进步，文学的形态在发生着深刻的改变，我们讲述的内容可做适当的延伸，网络文学及影视文学的内容都可适当纳入语文课程中去。这样可以让学生学到在当今社会如何做人、如何敬业乐业以及进行更为深入的有关当代人道德与生命的思考。

（三）强调以发散式思维授课

纵观历史，我们的文学素来有"文以载道"的传统。这种传统如果被纳入"大语文"的观照视野中，就不仅涉及文与道的关系，还涉及文与知、文与言以及更广泛意义上的文与道的关系。作品一旦被纳入我们教学的视野中来，它就具有语言性、审美性和人文性等多重特征。它不仅对个体生命具有激励价值，还负有更高层面的文化使命。可启发学生思考，克服思维的片面性与绝对化，使学生多层次、多侧面地思考问题，变一家之言为百家之言。因此，我们应当多层次、多角度地挖掘作品的道德、情感、思想价值，以富于个性魅力的方式加以阐说，由此来鼓励和感染学生。

以现代著名学者顾随先生为例，他重传授知识，更重育人；给学生讲授古典文学，尤其热爱新文学，一有机会就给学生讲授新作家作品，其授课方式备受推崇。当代著名学者叶嘉莹先生是顾随先生的弟子，言及顾先生的授课方式，乃是一种"一方面有着融贯中西的襟怀与识见；另一方面却又能不受任何中西方的学说与知识所局限，全以诗人之锐感独运神行，一空依傍，直探诗歌之本质"。这种授课方式，在我们今天看来，乃是一种天马行空、旁征博引的发散式教学方式，以内在理论之相似性连缀材料，多方举证，这乃是"大语文"教学理念的最佳体现方式。当然，这种教学方式对教师的学识、修养及知识面的宽广度提出了很高的要求，对大学语文教师来说，这是一种提升个人素养的积极挑战。

（四）开设选修课程群等辅助手段

在具体教学实践中，一门课程所能承载的使命毕竟是有限的。高等院校应充分鼓励开设系列选修课程来辅助和深化大学语文的教学效果。相关的系列写作课程、古今中外的文学课程及人文素质教育的课程群落都应该在教学计划中占有重要比例。由此，围绕大学语文，精心设计相关系列课程，都会对弘扬"大语文"的教学观念以及补充完善大学语文的教学起到良好效果。

另外，围绕大学语文课程内容，邀请专家讲座，适当开展学生社团活动、朗诵会、辩论赛等活动，也能够激发学生对母语的兴趣，营造良好的校园氛围，从而对巩固大学语文课程的教学效果起到良好的辅助作用。这些举措有利于实现大学语文工具性、审美性与人文性三重维度的教学目标，构建"大语文"视域下的语文教学模式。理想的大学语文教学，既是知识技能的传授，又是一种富于诗意与人文情怀的教学，目的在于让学生在掌握基本语言技能的基础上，形成敏锐的感知、丰富的情感、独特的想象、深刻的理解，让他们的精神世界被诗意照亮。

三、高校教育教学模式的探索

在高校教育大发展的今天，要进一步提高教育质量，培养出为生产、建设、管理等第一线服务的创新型实用人才，不仅需要更新人才培养理念，还需要进一步创新教学模式。

（一）对高校教育教学模式内涵的认识

美国学者乔伊斯和韦尔等人提出："教学模式是构成课程的课业、选择教材、提高教师活动的一种范型或计划。"也有学者认为，教学模式是由教学过程的四要素——教师、学生、教学信息、教学媒体共同组成的统一体。随着教学信息的流动,这些要素发挥着各自的功能,形成一种稳定的教学程式,这种程式即为教学模式。也就是说,教学模式是在一定教学思想或教学理念指导下建立起来的较为稳定的教学活动的框架和程序。它既是教学理论的具体化,又是教学经验的一种系统概括。教学模式体现了教师的教与学生的学的行为特征,其中既包括教师的教学方法和教学手段,又包括学生的学习方法和学习手段。高校教育的教学模式是在教学模式共性内涵的基础上加上高校教育的特征内涵,即培养目标的"职业性"、课程内容的应用性、教学过程的实践性、办学形式的合作性和价值取向的实务性,形成高校教育教学模式。

(二)高校教育教学模式的现状

不断深入的创新教育研究促进了高校教育教学改革的发展,但从根本上看,高校教育在教学上仍未打破传统教学模式,教学工作呈现以下几种态势:

①尽管强调知识、能力、素质的协调发展,但在实际教学活动中仍是以传授知识为主;

②教学活动以"学科为中心",强调按知识的系统性来组织教学,这种做法偏离了高校教育培养高级技能型人才的要求;

③以"教师为中心",教师怎么教,学生就怎么学,学生在学习过程中处于知识灌输对象的地位;

④以"课程为中心",强调课堂教学的单向传输,不注重第二课堂的教育;

⑤以"教材为中心",靠一本书打天下;

⑥评估手段以笔试为主,一张试卷见高低,这种考试制度及其所强化的标准答案意识重知识再现、轻独创性思维;

⑦课堂教学手段还是以黑板加粉笔为主,采用现代教学手段的教师还不多;

⑧人才培养规格整齐划一,缺乏多样性和丰富性,学生个性发展的时间与空间不够;

⑨课程体系综合化程度不高,存在重专业轻基础、重必修轻选修、重理论轻实践的现象,导致学生无特长、学校无特色,不利于创新人才的成长。

高校教育必须要改变传统的教学理念和教学模式,实行知行结合,激发学生的创造性思维,引导学生进行探究性、研究性、综合性的学习思考,培养更多的适应时代发展需要的创新型人才。

（三）高校教育的新教学模式

随着课程模式改革的深入，人们逐步树立起素质教育、创新教育的教育思想及"学生为主体，教师为主导"的新的教学理念，传统的以教师为中心的传授型、继承型的教学模式开始转变，基于素质、创新、实践、应用的新的教学模式不断涌现，初步形成一些高校教育人才培养模式的新亮点。

1. 多维互动的教学模式

多维互动的教学模式是高校教育的新模式。多维互动的教学模式是指教学过程中，教师与学生、学生与学生在平等、合作、和谐氛围中形成的互相沟通、互相交融，最终实现教学相长的一种教学模式，具体表现形式为互动式教学模式与自主式教学模式。

①互动式教学模式是指改变课堂教学中教师绝对权威的主体地位，创造师生平等、合作、和谐的课堂氛围，使师生在知识、情感、思想、精神等方面的相互交融中实现教学相长的一种新的教学模式，它的本质特征是师生平等和相互尊重。这种教学模式促进了师生由单向交流向双向交流的转变、由不对等交流向平等交流的转变、由静态交流向动态交流的转变，同时也使学生由被动接受向主动接受转变、由单纯的吸纳向创新和创造转变，使教育由单一的知识教育向综合的素质教育转变，进而形成了信息互动、情感互动、思想互动、心灵互动的新局面。互动式教学模式的推进，对高校教育人才培养质量的提高起到了很大的促进作用。

②自主式教学模式是指充分发挥学生的学习主体地位，广泛调动学生理论学习的积极性和主动性，提倡学生参与确定学习目标，制订学习计划，参与教学评价，培养学生自主学习、主动发展的意识，使其达到"自我投入、自我思考、自我操作、自我提高"的良好学习境界。在这种教学模式的指导下，教师通过对学生的有效指导和学生间的有效交流，帮助学生自主创新学习，培养学生的创新意识、创新精神和创新能力。自主式课堂教学结构按自学—说学—评学—导学等步骤进行。这种模式的本质特征有三点：一是由原来的单纯知识传授向多元能力训练转化；二是由单一的应试教育向轻松活泼的理论学习活动转化；三是由"以教师为中心"的主讲制向"以学生为主体"的主导制转化。

2. 多维互动的"产学结合、校企交替"的情境化教学模式

多维互助的"产学结合、校企交替"的情境化教学模式开辟了理论与实践结合的新途径。多维互助的"产学结合、校企交替"的情境化模式是指在组织

教学的过程中，学校与企业之间为培养人才而采取的互帮互助、"情"与"境"融合的双赢的教学模式。具体表现为工学交替制、产学研一体化、产教贸一体化、"双证制"、技能模块组合、校企综合实施"2+1"等多种教学模式。

①工学交替制的教学模式：工学交替是指整个学习过程为在校学习和企业工作的交替进行过程。它促进了理论教学与实践教学的结合，使学生学到的知识更为牢固。某些高等院校已经实施工学交替制的教学模式：在教学组织上采取分段式教学，学生第一学年在校内学习文化课及基础理论模块课程，第二、第三学年学习专业模块，实行工学交替制，一边工作一边学习；在管理上，采取岗位角色管理，上课日由学校按学生管理，考核其学习成绩，工作日由企业按员工管理，并根据考核业绩发放工资。这种工学交替制的教学模式，使专业理论的学习更加贴近生产实际，对培养学生的综合能力、应用能力起到了很好的促进作用，同时也使学生一毕业就能上岗工作。

②产学研一体化的教学模式：产学研一体化是指以生产、科研、教学相结合的方式来共同组织教学，培养人才。其中，"产"主要指生产实践，"学"主要指学校的学生参与生产和科研实践的教学过程，"研"是指科技研究。这种教学模式以学校和企业的紧密结合为前提，以科研部门参与为基础，努力促进教育、科研、产业的互动式发展，构建理论教学、实践教学和素质教学相互融合的教学体系，以提高人才培养的质量。例如，辽宁职业技术学院推行"产学研一体化"的教学模式，以学校的科研项目为依托，实行两个"三结合"，即教学、科研、生产三结合，教师、学生、工人三结合，探索出植物生产类专业的"双线式"教学模式、生物技术类专业的"融合式"教学模式等灵活多样、各具特色的教学模式，将理论教学、实践教学和素质教学紧密结合起来，增强了学生的动手能力和适应社会、服务社会的能力。

③产教贸一体化的教学模式：这是一种集生产、教学、市场营销为一体的教学模式，它使教学面向社会、面向市场，使教学过程真正融入市场，实现了生产、教学、营销的相互贯通、相互促进。这种教学模式有利于教育资源的合理利用，把学生在校学习和在公司实践统一到一个完整的教学过程中，使课堂教学与现场教学有机结合，强化了学生的动手能力。在这种教学模式中，教师既是教学工作的组织者和实施者，又是生产者和经营者；学生在现实的氛围中锻炼了职业能力和创业能力。从专业建设角度来说，学校可随时了解现场职业岗位的变化，并据此调整教学计划，更新课程内容，使专业建设与市场发展同步。

④"双证制"的教学模式:"双证"一方面指学生在学习期间按照学校的教学计划,顺利地完成了学习任务,毕业时拿到学校发给的毕业证书;另一方面指学生在校期间参加劳动部门举办的职业岗位培训、考试与鉴定,并获得相应的职业岗位证书,如导游证、会计证等。"双证制"的推行提高了学生的岗位能力、职业能力和创新能力,增强了人才培养的职业性,实现了人才培养与社会职业岗位的接轨,提高了人才的竞争力。

⑤技能模块组合的教学模式:技能模块组合是指将专业教学所包含的各项技术能力相对独立为一个个模块,每一个模块又根据所应掌握的知识和技能分成若干教学子模块,按照由浅入深、由易到难的技术形成特点,分块强化,优势互补,逐个突破。在教学过程中,根据所要达到的具体能力目标,选择相应的教学模块,实行多种模块并用,让学生边学、边练、边用。这种教学模式专业性强、目标明确、重点突出,有利于设计合理的模块组合,便于灵活组织安排教学。

⑥校企综合实施"2+1"的教学模式:"2+1"是指学生两年在校内学习,一年在企业实习实训。学校与企业共同制订人才培养方案和教学计划,共同安排和实施教学活动,采用这种教学模式培养出的毕业生在市场上供不应求,切实形成了企业与学校产学结合、互为依托、共扬风帆的局面,真正做到学校满意、用人单位满意、毕业生满意。用企业的话说:"学生来了就能用,来了就是骨干。"

总之,随着高校教育的发展,高校教育教学模式还应根据不同行业、不同地区、不同专业、不同课程进行不断探索,总结出新的、更具职业教育特色的教学模式,为我国高校教育教学改革做出更大贡献。

第二节 语文教学模式的优化构建

一、主题化语文课堂教学模式的构建

以计算机为主要标志的信息技术的迅猛发展与日益普及,引发了现代人学习和生活各个领域越来越深刻的变革。信息技术与学科课程的整合为教育改革应对信息时代的挑战提供了思路。主题化课堂教学模式是指在相应的知识主题下,在完成某一主题带来的大量任务的过程中，学习和掌握学科知识的过程。这是信息技术工具性、交互性相结合的一种模式，是充分发挥教师主导作用和学生主体能动性并使学生掌握学习过程的一种模式，也是培养学生利用合适工具学习知识、探索发现的一种模式。

（一）主题化语文课堂教学模式的操作步骤

1. 创设情境

其作用是使学生切实感受到学习主题的必要性，激发学生的学习兴趣，从而产生完成主题的动机。当学生的注意力被课文吸引，学习的兴趣、动机就会被激发，学生便会在妙趣横生的情境中产生强烈的学习动机。

2. 提出主题

提出主题的作用是使学生明确自己将要在一个什么样的主题范围内和什么样的框架下进行学习和研究，厘清作者思想感情的变化及发展脉络是学习文章的重点之一，也有利于学生揣摩作者练词造句和运用语言的技巧，因此，明确并领悟作者在文中所表达的思想感情是该课时研究的主题。教师在提出主题后，应立即引导学生选择完成主题的方法与手段。

3. 完成主题

完成主题是主题化课堂教学模式中最重要的一环，它关系到主题化教学的成败，其主要包括以下步骤：

①教师要指导学生学会使用计算机和利用网络检索获得相关信息，这是开设主题化教学的前提。教师可以介绍一些常用的搜索引擎，如搜狐、新浪等网站的搜索工具。

②学生获取信息后，教师要引导他们尝试使用合适的方法对得到的各种信息进行过滤、分析、处理，并对所获得的信息形成一定认识。

③对初步形成的成果进行研讨。在这个阶段，教师可利用多种形式来完成对初步成果的研讨，通过班级交流、群组合作或借助网络功能和学生进行一对一、一对多交流；学生则继续收集并分析信息，验证假设。教师身为教学过程的组织者、引导者，要充分发扬民主，鼓励学生发表自己的看法；而教师本身只提供必要的信息，给学生一定的背景知识，启发和诱导学生自己去发现规律、纠正错误认识、补充片面认识。在讨论中，教师设法把问题逐步引向深入，以加深学生对所学内容的理解。

④经过充分的研究、讨论，学生再根据收集到的信息，完善自己的成果，形成新的更高层次的学习体会或研究成果。

4.成果展示与交流

经过之前的获取信息、处理信息、形成观点与成果、修整观点与成果等过程就完成了阶段性成果。但是阶段性成果的完成并不是主题化教学的结束，学生还要学会展示、推销自己的成果，并利用各种渠道、各种形式对已完成的主题进行展示和交流。学生可通过多种方式完成成果的展示与交流，如用电子邮件形式将自己的成果发送给师长、朋友或向报刊投稿；将成果做成演示文稿在班内展示；采用小演讲、辩论赛的形式和同学交流等。实践证明，这些方法都可以给学生带来充分的满足感和成就感。

围绕知识主题，主题化课堂教学模式以学生自主学习为主，以信息技术为主要学习工具，强调获取信息、过滤信息、分析信息、处理信息的方法，重视学习的全过程和学生的协作学习。实践证明，这种模式可以培养学生的创新能力，使学生学会学习、学会合作、学会交流、学会分享。

（二）主题化语文课堂教学模式的运用原则

主题化课堂教学模式在运用过程中，可能会碰到各种问题和困惑，如信息技术与语文教学的关系处理；主题如何确定；能否达到学生的全员参与等。妥善解决实践过程中可能出现的种种问题，确保课堂教学的顺利、高效，需要教师讲求教学艺术。实践证明，主题化课堂教学模式运用的艺术应基于以下三个原则：

1.以教学主题为灵魂

对主题的不同认识会带来不同的主题化课堂教学。要想使主题成为课堂的灵魂，教师必须明确教学主题。

（1）主题是教学环节的中心

主题化课堂教学以主题为核心，无论是主题的提出，还是自主学习主题、合作探究主题、深入延伸主题都离不开主题。主题应是课堂教学环节的中心，教师和学生应紧紧围绕主题展开活动。

（2）主题是吸引学生的磁石

虽然提倡应由学生自主讨论来提出主题，但这也离不开教师的指导。教师指导应立足于激发学生的学习兴趣，提出主题的研究价值。兴趣是行动的前提和动力，有研究价值才能激发学生学习兴趣。

（3）主题是通向语文的大门

主题化课堂教学的主题提出和探讨都要建立在语文教学基础上，都不能违背语文教学的宗旨。主题仿佛语文的大门，学生通过研究主题这扇大门进入美丽的语文花园。

2. 以信息技术为翅膀

信息技术不应被看成是一只万能之手，而应当被看作一对能让学生腾飞的翅膀，它能带学生进入主题学习的自由空间。在对待信息技术态度上，应该具有以下认识：

（1）信息技术是语言的翅膀

语言文字教学是语文教学最主要的内容及最基本的途径和方式。运用信息技术的演示和交互功能，恰恰能突出重点，突破难点，提高教学效益。

（2）信息技术是想象的翅膀

有人认为，信息技术的直观性扼制了学生思维和想象的发展。其实，这是对信息技术的误解。教师不能向学生呈现终极"想象"，而应创设情境，激发学生的想象。例如，进行古诗词教学时，教师可边播放优美的配乐诗词录音，边适时加以形象化的语言点拨，引导学生运用联想和想象，在脑海里再现课文描述的"情境图"。

（3）信息技术是思想的翅膀

一篇文章的内容是有限的，而信息技术在瞬时提供给学生的大量信息有可能形成、改变或引导学生的思想。

3. 以全体学生为主体

社会建构观的代表人物，苏联教育学家和心理学家维果茨基认为，人的认知是在一定的社会文化背景下与他人及社会的互动中主动建构的。建立于建构主义理论基础之上的主题化课堂教学模式本身非常重视发挥学生主体性，但要让学生最大限度地在自主、协作和会话中做到"建构""生成""多元"，需要在以下几个方面突出学生的主体性：

（1）学生是学习目标和学习内容的主体

传统教学中，学生"学什么"是由教师"教什么"决定，学生没有自主选择权，而主题化课堂教学模式的学习主题是要让学生自主讨论决定或在教师引导下共同决定;学习内容也由学生自主控制,学生想通过信息技术了解什么、掌握什么,完全凭自己的需要,教师不能过多干涉。

(2)学生是学习过程和学习方式的主体

在主题化课堂模式的教学过程中,无论是提出主题,还是自主学习主题、合作探究主题、深入延伸主题都应在主体参与下进行;学生学习方式应是自主、合作、探究式的,让学生作为主体参与和发展教学活动是主题化课堂教学模式的一大特点。只有这样,才能充分体现课程标准的精神,体现新型教学文化的本质,即以学生的发展为中心。

(3)学生是学习情感和学习结果的主体

后现代主义思想崇尚混沌和不确定,崇尚过程和非理性的支架,追求"让教育闪耀完整的人性的光辉"。回归生活的教学哲学思想也强调人的意义在于理性和感性的统一。主题化课堂教学模式应自始至终尊重学生的情感体验,只有这样,才能使学生在主题的提出中生情、在自主学习中增情、在合作探究中激情、在创造延伸中进情。

二、自主学习教学模式的构建——以师范类学生为例

语文教学法是一门理论应用学科,也是师范类学生必修的专业课程,开设这一课程旨在对师范生进行语文教学的初步训练,使他们掌握语文教学法的基本知识,具备从事语文教学的初步能力。但从现状来看,这门课的功能并没有得到有效发挥,任课教师常常为诸如"理论与现状的脱节""学了没有用"等质疑而烦恼。究其原因:一是教师"照本宣科",重讲轻练,教学形式单一;二是学生缺乏参与意识,被动地接受知识和储存信息;三是与当前的语文教学联系不紧密,缺少真枪实弹的演练。

因此,构建一个适应学生发展需要的课堂教学模式已势在必行。在教学法课程教学中,尝试启用"自主学习"教学模式,旨在强化主体参与,优化教学过程,力求培养学生学习理论课程的兴趣,使每个学生都能自主学习,热爱语文教学,并最终形成教学能力。

（一）理论依据

自主学习是指学习主体有明确的学习目标，对学习内容和学习过程具有自觉的意识和反应的学习方式。认知建构主义认为，自主学习是学习者根据自己的学习目标、学习任务，积极主动地调整自己的学习策略和努力程度的过程。当学生在元认知、动机和行为三方面都是一个积极参与者时，其学习就是自主的。自主学习就是要改变学生在教学中的被动地位和过分依赖接受的学习方式，突出学生的"主人意识""参与意识""主动意识"。在培养学生知识、能力的同时，也培养学生的学习情感、学习态度和学习习惯，使他们既能掌握基本的适合自己的学习方法，又能为自己的持续学习奠定基础。

现代素质教育理论立足于促进学生的发展，对师范类学生来讲，更要以尊重其自主性，培养其创新精神和实践能力为核心。课堂教学是学生自我表现和自我发展的过程，教师应该引导学生追求自我完善和发展，学科本身也应着眼于学生应用能力的培养，这就需要教学过程中理论要与实践相结合。自学、自练是学习的有效途径，教师要引导学生自主学习，并真正参与教学活动，从而取得实际的学习效果。

（二）研究过程

1. 教材新读

教材的编写往往滞后于时代的发展，目前的语文教学法教材在语文学科性质的完善、教学目标的制定、教学理念的更新、学生学习方式的改变等方面，都存在欠缺。如果依旧"照本宣科"，这门课就失去了鲜活的生命，学生也就失去了学习语文的兴趣。因此，教师应在教学中把课程标准作为基础理论学习的重要环节，引导学生理解语文课程中的四个基本理念，正确解读语文的性质阐述，掌握语文教学设计的三个维度，让这些新的课程理念先在学生头脑中树立起来，使这些动态的课程信息盘活学生的理性思维，然后在涉及相关理论的每一章节教学中，要求学生用课程标准的要求重新认识，并学会分析比较。

2. 课堂实施

在每一章节教学中，可采用读、问、议、练四个环节的"自主学习"模式。

（1）读一读理论

"读"是指学生自主阅读教材相关章节，主要阅读两方面内容：一是阅读教材的基本教学理论。这一般可以放在课前预习中完成，课堂上再阅读时可按照教学重点进一步集中阅读,以期获得比较深刻的印象。二是案例的阅读。结合相关教学案例进行阅读,边阅读边思考。思考在阅读过程中是必不可少的,是进入下一个教学环节的关键。此时教师可以安排好思考题,也可以让学生自己提出问题。当然,这期间教师需要适当引导,使学生更好地理解重点理论。

（2）问—问疑点

"问"是指学生质疑问难。学生通过质疑,可发挥内因作用,产生思维兴奋点和认识矛盾冲突。例如,学生自读"教学原则"这节内容时,针对语言文字训练与思想教育相结合的原则,学生会提出两个问题。一是是否这个原则在语文教学中就不重要了?因为课程标准对学科性质的界定已做了很大改动,对工具性突出其交际功能,强调其人文性。二是应该怎样理解思想性和人文性的关系?在教学中认真做好这一环节的教学工作,无疑会活跃课堂气氛,激发学生思考的积极性。

（3）议—议重点

学生在阅读和思考以后,需要把自己的理解和看法与其他同学进行交流,这样集思广益,可以增加理解的准确性,同时补充自己的看法,对知识的掌握和运用就会更加深入。在合作过程中,可以利用案例来解决疑点、理解重点。通过合作学习,每个人都有参与学习的机会,并产生参与学习的兴趣。"议"的形式包括以下三种:

①互动式,即学生通过小组合作展开讨论,归纳总结后汇报意见;

②辩论式,即学生围绕一个议题进行自由辩论,各抒己见;

③换位式,即师生换位,学生提问,教师回答,学生评价。

学生的讨论必须有充足的时间,以保证重点知识或问题的讨论能够全面而深入。议重点时,教师还需要通过具体的教例来阐释和帮助理解,体现理性—感性—理性的学习规律。

（4）练—练能力

教学法课程是一门应用学科,是用教学理论去指导教学实践,用教学实践来丰富教学理论,不断提高学生的教学能力。高校师范学生在校期间,到学校实习的机会相对有限,更多的是一种间接的实践和训练。训练的方法主要包括以下三种:

①试讲。让学生在课堂里就某个词、某句话、某个段落进行教学尝试,丰

富了感性认识，培养教学能力。

②评议。让学生就教学录像或教学论文展开讨论和评议，使学生既运用了理论，又明确了该环节该怎么教，做到知其然，又知其所以然，从而发挥学生的主体性。

③作业。让学生写下对某一理论的认识或就具体课文来拟写教学过程，旨在使学生熟悉理论，并能加以运用。

3. 课外拓展

如果把学习仅限于课堂，学生的收获则是有限的。学生只有充分利用课外时间，把课堂向阅览室延伸，向校外延伸，才能获得全面的认识和深刻的印象。一般来讲，学生可以从以下几方面来拓展认知视野：

（1）阅读教育经典

那些经历岁月冲刷和时间考验的教育著作，可以改变一个人的思想和行动。可以推荐学生阅读的书目有苏联教育学家苏霍姆林斯基的《给教师的建议》、陶行知的《中国教育改造》、柳斌的《中国著名特级教师教学思想录》、卢梭的《爱弥儿》等。

（2）积极撰写小论文

学生可以自己确定课题内容，然后搜集资料，整理思路，之后再着手进行写作。写论文的目的不在于能否发表，而在于形成对语文教学工作的思考习惯，培养学生的探索精神。

（3）留心学生的日常生活

在假期里做有心人，观察了解学生的特点和学习情况，还可以通过辅导学生，体验与学生接触的乐趣，思考未来工作中将会遇到的问题，从而锻炼自己的胆识和能力。

（三）实施效果

通过在主体教学思想的引导下进行教学尝试，初步实现了以下几个转变：

从学生被动学习转变为学生的主动学习。例如，学习完"教学目标"这节内容后，学生就即将学习的一篇课文做仔细阅读，从知识与能力、过程与方法、情感态度与价值观等角度去思考和制定教学目标，确定重点段落的教学，看看能否落实其中的一个或几个目标。这样，学生就不再以单纯的"听理论"为主，而是真正动起来，投入积极的思考、讨论和教学实践中。

从师生的单向交流转变为师生的多向交流，如教师在引导学生针对"概括中心思想在课标中淡化了"这一话题进行讨论时，鼓励学生各抒己见，相互辩驳，师生共同交流。在交流中加深了学生对问题的理解，也活跃了课堂气氛。

从以教师的讲授为主转变为以教师的指导为主。每次学习新内容时，教师可以安排15~20分钟时间让学生先看教材，并对教材进行质疑，结合课程目标讨论重点内容，并学会运用。

（四）实施感悟

自主学习教学模式的实施要把握以下几个关键问题：

1. 教学过程要优化

教师要在确保学生主体地位的情况下，给予适当的点拨和引导。只有从"如何学"的角度思考自己"如何教"，进而设计教学程序，优化教学过程，才能达到教和学的统一。

2. 课堂气氛要和谐

在教学过程中，教师不能以一种高高在上的姿态出现在学生面前，师生关系的民主与平等是学生主动思维、大胆质疑和积极讨论的前提条件。在教学中，应提倡微笑教学，以谈心的方式解决问题，营造和谐的课堂气氛。

3. 教学形式要多样

上课不能简单采用教师站着讲、学生坐着听的传统形式，而要经常变换教学形式，使学生每上一节课都有新鲜感，如可采用同桌一起来学习和讨论的教学形式；在阅读室里边读论文边学理论的教学形式；以现代教学技术为辅助手段，边看录像边学理论的教学形式等。

4. 教学实例要典型

要使学生理解教学理论，就要求教师利用教学实例来组织教学。选择教学实例时要注意典型性，准备要充分，教师除了应准备一些相关教例，也可以要求学生准备一些教学实例，这样可以促使学生多看教学论文，收集教学信息，使理论教学更具感性色彩。

第三节 语文教育理念与学习方式

一、语文教学应体现人文素质教育理念

（一）正确把握人文内涵是实施人文教育的前提

义务教育语文课程标准（2011年版）明确指出："工具性和人文性的统一，是语文课程的基本特点。"在语文教育界，从专家到一线教师都欣然接受了这样的表述，甚至有的专家把"人文性"作为语文课程的本质属性，可见"人文性"的提出合乎教育改革的发展态势。但是对于"人文性"究竟应该怎样理解以及教学中如何体现"人文性"等问题，却众说纷纭、意见不一。有人对"人文""人文性"理解扭曲，在实践操作中出现了很多偏差。因此要正本清源，只有正确把握人文内涵，才能很好地实施人文教育，使"人文性"这一本质属性在语文教学中得到有效体现。

对"人文性"的理解，首先应当立足于"以人为本"的教学理念，教育的人文主义以人的和谐发展为目标，希望人的本性、人的尊严、人的潜能在教育中得到最大限度的实现和发展。正如义务教育语文课程标准（2011年版）所指出的："语文课程还应重视提高学生的品德修养和审美情趣，使他们逐步形成良好的个性和健全的人格，促进其德、智、体、美的和谐发展。"另外，在理解人文内涵时，要处理好以下两组关系：

1. 人文性与工具性的关系

于漪在一篇题为"弘扬人文，改革弊端"的文章中提出："语文学科作为一门人文应用学科，应该是语言训练与人文教育的综合。"这是对语文教学现状的反思。义务教育语文课程标准（2011年版）提出："不宜刻意追求语文知识的系统和完整。"有些老师对此的理解出现偏差，对教学中涉及的一些必要的语文知识不敢讲。义务教育语文课程标准（2011年版）指出："阅读是学生个性化行为，不应以教师的分析来代替学生的阅读实践。"由于强调淡化课文分段，教学中又出现了不敢引导学生加深理解重点段、重点句，无论什么样的课文都不敢分段的现象。

在教学中，一味地让学生读和说，而忽视了人文本身是透过语言文字来表

现的,从语言文字出发理解和感悟作者的思想情感,还要回归到语言文字上去,看看作者是用怎样的语言文字表现这些思想情感的,这是语文教学的基本思路,也是文道合一的体现。课程改革无论怎样进行,都要遵循这一点。"人文性"不可能脱离语言文字本身而单独存在,应当做到人文性与工具性的真正统一。于漪认为,语文就是语文课,须把握它的本质属性,在语文知识教学和语文能力训练中贯彻人文精神,以收到潜移默化、春风化雨之功效。

2. 人文性与思想性的关系

1987年和1992年的《语文教学大纲》都把语文的性质界定为"工具性和思想性的统一"。这里的"思想性"的概念是宽泛的,它包含了政治思想教育,个人的道德品质、情操、人格、审美等诸方面的内容。然而在语文教学实践中曾一度把"思想性"误解为只是贯彻政治思想教育,与"三热爱"教育有关,于是就出现了将语文教育简单地异化为政治思想和道德品质的空洞说教,弱化了语文教育帮助学生认识自然界和人类社会的全面功能。

基于对语文的这种缺乏人文精神和人文内涵的界定,义务教育语文课程标准(2011年版)拓展了其外延,强调了语文的"人文性"。但是在教学中又出现了对学生的消极和错误思想不及时纠正,还美其名曰"独特体验"的现象。有些教师以为有了"人文性"就不必谈"思想性",以为只要有朗读、情感体验、合作、讨论,就是"人文性"的体现。事实上,人文不是随意和盲从,也不崇尚空谈;人文要体现对生命的尊重,对学生作为个体的人的重视和对其"思想性"的重视。可以说"思想性"和"人文性"是交叉的关系,其交叉部分主要是指学生良好的个性和健全的人格,"思想性"和"人文性"相互融合,并通过语言文字表现出来:"语文是以语音或文字构成的词句、语段、篇章为物质外壳,蕴含着丰富的思想文化内容和思想规律与方法的人类最重要的交际工具。"所以在高校教学中,对于"人文性"与"思想性"不能顾此失彼,如果过于偏重一方,就会走向另一个极端,导致费时低效的局面。

(二)丰富教师的人文底蕴是实施人文教育的关键

语文是人类文化的重要组成部分,其丰富的人文内涵对学生精神世界的影响是深远的。学生从语文教学中受到的影响和感染,不仅取决于文本本身的感染力和学生自身的接受程度,还取决于教师的人文底蕴。如果教师没有一定的人文意识和人文积淀,不管文本编写和教学改革如何有成效,人文精神都会落空。可以说,教师的人文底蕴是实施人文教育的关键,其主要包括以下两方面:

1. 教师的文学修养

语文教材的大部分课文都选自文学作品,蕴含着丰富的文学色彩。教师应该清楚文章写作的时代背景、作者的生平及写作情况等,能够对作品本身进行解读,此外还要知道一些与文章相关联的其他方面知识。虽然课堂上不必将这些知识全部告诉学生,但这是教师全面驾驭教材、深入理解教材、创造性地运用教材的基础。这些并不是备课时才去想的,而是要平时储存在大脑里,使它用时就能"跳"出来,这就是语文教师的文学功底。只有平时坚持不懈地巩固和提升自己的文学修养,才能真正从人文角度去驾驭教学。

2. 教师的人格

人格是指一个人的品格、品质、格调、境界、道德水平及尊严等,是人相对稳定的比较重要的心理特征的总和。在各种客观条件作用下,人格会发展和变化。在改变人格的各种客观条件中最强有力的是社会条件。教师是人类灵魂的工程师,教师要在"为人师表"上做得完美,在学生面前树立一个好形象。"身教重于言教",教师要以自身的言行来影响学生的心灵。教师需要不断完善人格,教书育人、诲人不倦、循循善诱、因材施教,并且不应该仅仅表现在课堂上,在课堂外也应是表里如一、言行一致的,这样才能与学生真正和谐共处,实现心灵的交流,凭借自己的人格魅力去影响和塑造优秀人才。

(三)积极探究人文知识是实施人文教育的途径

人文知识是相对工具性知识而言的。传统的"双基论"所概括的"基础知识"仅仅是字、词、句、篇、语、修、逻、文等语言知识和写作知识,是工具性知识;而人文知识在语文课程中一直未能得到应有的重视。语文课的人文知识主要包含在语文教材和文学作品之中,它是通过文学形象来表达作家个体对人生的态度和观念的。语文课程是人文课程,语文教育应该是一种人性教育和精神教育,是一种关于"人"的存在、价值、意义的教育。所以,在语文课程中,把文学作品所包含的对人生有意义和价值的内容称为"人文知识",它是关于内容和意义的知识,它的价值指向是语文教学中的"人文教育"目标。

传统的语文课堂教学中,教师引导学生对文本的人文内涵的把握,只是停留在"语言事实"的层面,如"写什么""怎么写",或者停留在"揭示了什么主题,批判了什么思想"等社会分析层面,这种理解和教学仅是分析文本表面的形式和内容,未能捕捉到真正的人文精神,而教师对文本的挖掘和把握应该追问到"意义"层面,即人的存在的意义层面。

例如，教师在讲授《雷雨》时，不提问"周朴园是不是伪君子"的老话题，而是提出了一连串的诱导性问题："周朴园对鲁侍萍是不是有感情？周朴园为什么要在鲁侍萍不知情的情况下保持家居的原状？他是做给谁看呢？当鲁侍萍出现在他面前的时候，他主动开了一张支票给她，他是否认为这张支票，可以补偿30年的情感伤害？"让学生一起分析："如果周朴园认为这张支票足以补偿30年的情感伤害，那么，他的问题就不是虚伪，而是把实用当成了情感。实用与否，是善恶的问题；而情感的有无，是美丑的问题。他的问题是情感上的丑，是美的反面，即使给钱是认真的，仍然是丑的，但不一定是恶的，也不一定给他定一个虚伪的罪名。"学生可以结合这些问题去思考文本、思考人性、思考人生。这样的语文课才是有价值的，因为学生可以借此养成人文思考的习惯，真正学有所获，这才是真正的"人文性"的体现。这样的教学赋予语文课独特的人文魅力，并以此吸引了学生的注意力，从而提高了学生的人文素养。

二、语文学习方式多样化探析

教育必须着眼于学生潜能的唤醒、挖掘与提升，促进学生的自主发展，必须着眼于学生的全面成长，促进学生认知、情感、态度与技能等方面的和谐发展，为培养未来社会优秀的接班人做好铺垫。在当前大力推行素质教育和知识经济快速发展的形势下，改变不合时宜的学习方式，代之以自主性、合作性、探究性为主要特征的多样化的学习方式显得尤为重要。

（一）学习方式及其特点

学习方式是学习者自主的、独特的、具有相对稳定性的认知方式。陈琦、刘儒德在《当代教育心理学》中将学习方式定义为人们在学习时所具有的或偏爱的方式，是学习者在研究和解决其学习任务时所表现出来的具有个人特色的方式。学习方式有相对稳定性、个体差异性、可变性等特点。

1.学习方式具有相对稳定性

每个人都有各自的生活背景、内心世界和相应的生活经验，有自己观察和解释世界的独特方式。学习方式是一个人在认识外部客观世界的过程中逐渐摸索形成的，所以学习方式一经形成即具有相对稳定性，且会形成习惯和定式，难以更改。

2.学习方式具有个体差异性

每个学生都有自己的学习方式。例如，有的学生习惯于由一般到特殊的学习顺序，对于先呈现知识总提纲，再呈现例子和应用分析的学习内容有较强的接受能力，而有的学生则习惯于由特殊到一般，即先学习具体事例，最后由事例归纳结论；有些学生喜欢通过写来记忆材料，而有些学生则喜好通过复述来记忆材料。

3.学习方式具有可变性

学生使用某种认知方式在学习进程中经历多次失败后，会转而寻求新的学习方式。有些学生在与同伴共同学习的过程中，会逐渐吸收同伴优秀的学习方式，并结合自身实际，对原学习方式不断加以调整和改进，从而形成适合自己的新的学习方式。

（二）实现学习方式多样化的必要性

1.被动的填鸭式教学模式亟待改革

目前，我国高等院校学生的学习方式大多是老师教，学生学，课外做练习。学生处于被动的接受地位，这在很大程度上扼制了学生的创新能力和创造性思维的发展。此外，死板的教学方式激不起学生的学习兴趣。而实现学习方式的多样化，可以有效解决这些问题。

2.学生个体之间存在差异

学生个体之间存在差异，有的学生学得快，有的学生学得慢，如果用统一的标准来要求所有的学生，势必会造成学习效果参差不齐。即使学生的智力水平和学习动机等因素相同，他们在接受、储存、转化、提取和应用知识过程中所采用的感知和思维方式也会有很大差异。学生的个体差异影响着他们在学习过程中获得经验的方式，因此，学习方式的多样化是不可避免的。

3.素质教育呼唤学习方式的多样化

素质教育的一个重要任务是培养学生的创新精神和创造能力，培养全面发展的人才。学生走上社会后，如果缺乏再学习能力和创新能力，不能学以致用，就意味着不能生存。学习方式的多样化在某种程度上可以解决这个问题。此外，只知读死书，不与别人交流，不善于表达都会对学生今后走上工作岗位产生不良影响，而实行合作学习可以在很大程度上改善这种状况。合作学习可以增加人与人之间的信任感，也将使团队精神得到升华。

（三）实现语文学习方式多样化

实现学习方式的多样化，一方面要从教师入手，教师要改变教学技术和教学行为，建立和谐平等的师生关系，引导学生积极转变学习方式；另一方面要从学生入手，学生要变"要我学"为"我要学"，结合自身实际，探索适合自己的学习方式。

1. 提高教师素质

在学习方式多样化的进程中，教师是学习的促进者和参与者，是活动的组织者和情感的支持者，因此，教师必须注意吸收多方面的知识，提高自身的素养。教师应根据不同的情境、不同的学生及不同的学习阶段，对自己所扮演的角色及时做出相应的调整，要因材施教，在平时教学中要多注意观察，帮助学生找到适合自己的学习方式。

2. 培养自主学习的品质

自主学习是相对于传统学习方式中的"他主学习"而言的，一般指学生在学习过程中表现出来的自主意识和自主能力。具体表现为学生有明确的自我学习目标，有自觉的行为追求，会选择适当的学习方法，以获得自己期待的学习效果。强调学生学习的自主性，并不排斥教师的引导。离开了教师的引导，学生的学习可能会失去方向，难以保证学习活动的顺利完成。教师要从学生的"学"出发，为学生的自主学习留出更充分的时间和空间，营造一种富有挑战的学习氛围，激发学生自主学习的积极性。

学生可以通过阅读、质疑、研究、总结和实践的过程来完成自主学习。质疑能力是人类潜在的天性，教师要尊重、调动和正确引导学生的这种潜能，并使之成为学生学习过程中一种非常重要的能力。在阅读教材过程中，教师可以鼓励学生提出疑问，也可布置课题，让学生带着疑问去查资料，翻看相关课外书籍，向他人询问等，最后要求学生进行总结，并写出报告。

3. 培养合作学习的品质

合作学习可使学生学会与他人合作，这不仅仅是促进学生学习的形式和方法，同时也是学习的目的。合作学习最重要的就是培养学生的合作意识、合作能力和合作精神，通过合作促进学生的协调发展。

4. 培养探究学习的品质

探究学习是针对传统学习方式中的"接受学习"而言的，是指学生在学习人类既有知识过程中，对知识的合法性与权威性保留自己质疑、评价、批判的权利，而不是被动学习或全盘接受。探究学习是以活动为主要形式的学习，强调学生的亲身经历，密切联系学生实际的生活，要求学生参与各个活动中的每个细节，在活动中自主选择问题进行探索，体验和感受生活，进而发展其实践能力和创新能力。

（四）利用信息和网络技术实现学习方式多样化

当前计算机和网络信息技术发展迅速，这些技术可以被应用到学习方式的转变上来，以实现学习方式的多样化。

1.丰富的网络资源可为探究学习提供重要的知识源泉和丰富的探究课题

网络资源包括全方位、多层次、多角度且图文并茂的文献资料及多种多样的解决问题的思路。网络的信息传输速度非常快，可大大节省探究时间，提高学习效率。

2.网络虚拟环境可为学生提供现实中难以体验或无法亲身体验的情境

网络中的虚拟情境与虚拟交往为学生提供了一个丰富的信息世界。它汇集了计算机图形学、多媒体技术、人工智能及人体行为学等多项关键技术，通过多媒体技术与仿真技术相结合，生成视、听、触觉一体化的虚拟环境。在学习过程中，学生可以利用网络把问题融入具体的虚拟情境中，在自然状态下与虚拟环境中的客体进行信息与情感互动，其效果是传统的教学手段难以达到的。

3.网络可为学生提供交流与协作的平台

学生可以在家中实现远程互动，用QQ、微信等聊天工具或电子邮件互相讨论，这些都有助于推动学习进程，增强学习效果。

创新是一个民族的灵魂，是一个国家兴旺发达的动力和源泉，创新的关键在于人才，人才的成长在于教育。要想培养具有创新精神和创新能力的人才，就必须注重提高学生的学习能力，重点要培养学生的自学能力、研究能力、思维能力、表达能力和组织管理能力等。实现学习方式多样化有助于因材施教，培养高素质人才，提高学生再学习的能力，使学生树立终身学习的理念。

第四节 语文教学方法分析

一、语文教学方法

语文教学方法是指在教学过程中,教师引导学生通过对语文课文的学习,获得语文知识,提高语文能力,发展认知力,陶冶性情而采用的各种手段和方式。正如朱熹所说:"事必有法,然后可成。师舍是则无以教,弟子舍是则无以学。"由此可见,在语文教学系统中,教学方法的作用是十分重要的。

我们常说"教学有法,教无定法",教学是一门科学,有一定的原则和规律可循,具有较为普遍和相对稳定的常法与常式;但教学又是一门艺术,具有多样性和灵活性,这是由教材内容与形式的丰富性,教学对象知识能力基础、性格心理的差异性等因素决定的。语文教师除了考虑以上几方面因素外,还可以根据自身的素质和条件,在教学实践中对教学方法进行优化组合或创新,采用富有个性的教学方法,注意在课堂教学中发挥学生学习的主观能动性,以期取得最优的教学效果。

(一)语文教学方法的特点

语文教学方法与其他学科的教学方法有着本质上的区别,这是与语文学科及语文教学的独特性紧密相连的。语文教学方法的主要特点如下:

第一,针对性。教师在进行教学时,要针对不同的对象与特点、不同的教学目的与要求,有针对性地灵活选择教学方法。可以说,教学方法的选择以语文教学目的、教学内容,学生认知能力与特征,教师个性特征与素质等多方面的因素为依据。

第二,多样性。教学目标的多元性、教学内容的丰富性、学生认知能力的差异性等多个因素决定了语文教学方法的多样性,如讲授法、讨论法、演示法、练习法、实验法、观察法等。

第三,相对性。任何一种教学方法都是优点与缺点并存的,不存在绝对好或绝对坏的教学方法。因此,在教学实践中,教师必须综合运用多种教学方法,并进行优化组合,有效解决教学问题,达到教学目标。

第四，发展性。随着时代与社会的发展变化与研究的不断深入、成熟，语文教学方法会与时俱进、不断创新与发展，从而给语文教学注入新的活力。

（二）课堂教学中师生间信息传递的方式

从信息论角度看，课堂教学是由教师和学生共同组成的一个信息传递的动态过程。因此，我们按照教学过程中信息传递的方式对教学方法进行划分并研究几种常用的教学方法。在课堂教学中，教师与学生之间信息传递的方式共有三种。

一是单向输出式。在以讲授为主的单向信息交流方式中，教师向学生讲授教材内容，学生受教，这是最传统和基本的教学方式，体现了教学过程的本质特征，可以说任何教学过程都包含这种方式。

二是双向交流式。在以对话为主的双向交流方式中，教师引导学生共同进行教学活动，通过问答等方式将双方从教材中获取的信息进行交流，并在此交流过程中强化学生对知识的掌握与运用。这是一种更为高级的信息传递方式，由教师与学生的反馈双向构成，使教师可及时纠正学生的差错，提升教学效果。

三是多向交流式。在多向交流方式中，教师与学生之间、学生与学生之间进行多向交流，这样开辟的传递渠道最多，学生在广泛联系与多渠道信息获得中掌握教材内容，效果自然最好。这种信息传递方式相较于单向注入与双向交流而言是更为高级的形式。

（三）常用的语文教学方法

下面介绍几种常用的语文教学方法。

1. 讲授法

讲授法是教师通过简明、准确、生动的口头语言系统地向学生传授知识、发展学生智力的方法。它是通过叙述、描绘、解释、推论来讲述教材、描绘事例、传递信息、传授知识、阐明概念、论证事理，并引导学生分析和认识问题的教学方法，是语文教学中最基本的教学方法之一。它适用于学习课文之初，教师交代学习目的、范围、要点和要求；介绍作家作品及背景或相关课外知识；分析课文的某些教学重点、解析难点；补充教学所必需的各种材料，进行知识拓展等几种情况。

讲授法适用于班级教学，教师可以用多种形式清楚简明地传授知识，保持知识的系统性、深刻性和准确性，有利于控制教学进程；在单位时间里知识容量最大,能够使学生在较短时间内获得大量系统的学科知识;它还有利于教师在教学过程中发挥主导作用,充分显示教师在知识理解和语言运用方面的示范作用。但它也有不足之处:如果运用不好,教师的单纯讲授可能使学生处于被动状态,学生学习的主动性与积极性不易发挥,出现教师满堂灌、学生被动听的局面;无视学生活动,使课堂教学缺乏生机与活力,造成教学的僵化与死板;同时,不利于学生独立思考与创造能力的培养。另外,由于主要是面向全体统一讲授,强调整体性,而无法顾及学生的个体差异性,因此难以体现因材施教的原则。

2. 问答法

以师生的相互问答形式为主要方式来进行课堂教学活动的方法,又称问答法或谈话法。此教学方法与讲授法一样具有悠久历史。例如,从春秋战国时期孔子的言论中我们就可以得知有运用问答法进行教学的传统。孔子认为"疑是思之始,学之端",并且第一次提出了"启发式教学",规定了"不愤不启,不悱不发,举一隅不以三隅反,则不复也"的启发式教学原则。问题是思维的起点,教师应该重视培养学生的问题意识,激发学生的思维,当学生有了问题意识之后,其思维才有可能达到较高程度的活跃性和深刻性。因此在语文教学中,教师应以问题为中心,主要通过向学生提问,由学生答问或质疑问难,再引导学生解疑的对话形式,培养学生发现问题、提出问题、分析问题和解决问题的能力。它是启发思维,激发学生学习主动性,提高学生分析、鉴赏、表达能力的有效方法之一。

在语文教学中,通过问答法,语文教师要让学生自主且自由地感受文本,有机会表达自己的看法,并且逐步让学生确立对世界的认识,形成自己的思想。在语文教学中,各种不同观点和思想的碰撞与对话是应该提倡的。这样可以让学生与教师之间、学生与文本之间及学生与学生之间形成平等对话的氛围,使学生在这种氛围中去探索与挖掘语文学科的独特内蕴,绽放出思想的灵光。其中,问答法的优势在于:有利于唤起学生注意,活跃学生思维,培养学生独立思考、积极探求的良好学习习惯;有利于训练口语表达能力;有利于教师及时获得反馈信息,从而达到教和学的和谐统一。

3. 讨论法

讨论法是在教师指导下,由学生之间的交流与师生之间的交流共同组成的,用以实现教学目标获取知识的方法。讨论初始可由教师提出问题,也可由学生口头或书面提出。具体讨论方式灵活多样，可采用同桌讨论、四人小组讨论、小组讨论、全班讨论等多种形式。讨论法的运用需要学生对课文文本预先熟悉，并有一定的知识、经验和独立思考的能力，所以讨论法一般在高年级采用效果比较明显，多用于解决教学中的重点、难点和疑点，可有效明确教学重点、深化教学内容与进行知识延展。例如，辛弃疾的《水龙吟·登建康赏心亭》教学中，从"倩何人唤取，红巾翠袖，揾英雄泪？"一句，教师提出讨论问题："辛弃疾是不是英雄？"全班同学分组展开激烈讨论，最终形成两方意见，由两位同学代表发言，在热烈而活跃的气氛当中，教师适时点拨概括，有效深化学生对此诗词主题与词人情感的理解。

讨论法的优点有以下几点：

第一，从根本上改变了以教师为中心的课堂教学结构，有利于激励学生参与教学过程，激发学生自我表现的热情和创造性思维。

第二，有利于开展合作探究性学习，使学生在活跃的气氛中听取、比较、思考不同意见，并在此基础上进行独立思考，促进思维能力的发展。

第三，能够普遍而充分地给予每一个学生表达自己观点和意见的机会，调动所有学生的学习积极性，并且可以有效地促进学生口头语言能力的发展，提升学生灵活运用知识分析问题、解决问题的能力，增强学生的创造性思维能力、评判能力和辩论能力。

4.导读法

导读就是以学生自读为中心，以教师的主导为条件，师生相互作用的阅读教学法，以培养学生的自读能力为主要目的。导读法的运用体现了教学过程中学生的主体地位和教师的主导作用，它是目前语文教学中广泛使用的一种阅读教学方法。其基本步骤是，由教师提出问题与要求，学生通过朗读或默读获得对课文的初步印象，再借助工具书，在教师指导点拨下，自己分析综合、深思质疑，达到对课文文本的深化理解，从而回答教师提出的问题，并完成相应练习进行知识巩固与能力拓展。导读法在阅读教学中发挥着重要作用，有利于培养学生的阅读能力。

（1）导读法肯定了学生的主体地位

导读法的关键在于肯定了学生的主体地位，将学生视为认识和发展的主体及具有独立地位和认识潜能的实践者。

这将改变长期以来教师向学生"奉送真理"的状况,而将"发现真理"的主动权交给学生,发挥学生的主体作用,引导和鼓励学生自己去获取知识,并主动参与到课堂教学过程中来,学习方法、训练技能和培养自学能力。

(2)导读法明确了教师角色定位

导读法给予了教师角色明确的界定,认为教师是教学过程中的引导者,起主导作用。

教师的着眼点应放在教学对象即学生身上,要理解"导"的艺术,要导在关键处,突出重点,化解难点,启迪思维,诱发想象。此外,还要讲究"导"的方法,如激励、启发、点拨、诱导、提问、讨论、示范分析与介绍资料等。总之,教师要千方百计地引导学生自己解决问题,最终教会学生自己读书。

(3)导读法使课堂教学丰富、生动、充实

导读法着重培养学生的自学能力尤其是自主阅读能力,通过调动学生求知的主动性、积极性和创造性,使课堂教学过程变得生动活泼、富有情趣。

5. 练习法

练习法是根据教学目标与要求,在教师指导下,学生在独立完成一定的书面作业、口头作业或实际操作的过程中阅读和理解课文,从中掌握知识,培养技能和形成学习习惯的教学方法。语文学科的练习主要有朗读、背诵、默写、复述、填表、答题、智力竞赛、编写提纲、做笔记等形式。练习法能有效帮助学生把理论知识转化为技能,把技能转化为熟练技巧,进而获得听、说、读、写的方法和能力。练习法有利于培养学生的自学能力。

练习法的运用要领有以下几点:

①要注意引起学生练习的兴趣,激发学生练习的积极性和主动性。

②练习既要兼顾基础知识和基本能力训练,又要突出重点,尤其要避免简单重复的无效练习。

③练习方式应多样化,避免单调机械、枯燥乏味,应考虑到灵活性与趣味性。

④练习的布置要照顾到学生的个体差异,适度适量,有一定的弹性,适当给予学生选择的空间,以求对每个学生都有实在的促进作用。

此外,练习法的运用还需注意适量,不搞题海战术,以免加重学生的学习负担。

6.情境教学法

情境教学法是指在教学过程中，根据需要达到的教学目标，利用生活场景、图片、音乐、电影、课本剧、多媒体课件等手段，创设与教学内容相关的教学情境，使学生在具体、直观且生动的场景与氛围中进行观察、体验、思考与学习的教学方法。情境教学法强调创设教学情境，运用直观教学原理，使学生在特定的情境中正确而迅速理解教学内容，缩短了认识的时间，提高了教学的效率。同时，它寓教于乐，通过使学生"身临其境"来进行情感教育，以情动人、以美感人，注重培养与提升学生的审美能力，充分发掘语文课的教育功能。

情境教学法与其他教学方法相比，最为突出的特点是教学方式的科学化和教学内容的情境化。它运用了现代多媒体等科学化手段，有效突破了课堂的时空局限，将与学习内容相关的中外古今的自然景观、社会生活、语言现象和人物形象具体直观地呈现于学生面前，无论是微观世界还是宏观景象，无论是具体形象还是抽象意念，无论是静观景象还是动态变化，都能够情境化。

创设课文情境的手段多种多样，其中，语言描绘是创设与渲染课文情境的一种最基本的手段，将其与现代多媒体技术结合，会使语文课堂变得更为丰富多彩。此外，可以运用实物与图画再现情境。俗语有云，"百闻不如一见"，将课文所写用实物或图画展示，将课文内容具体化、形象化，可以使情境更加直观。还可以播放音乐或电影来渲染或再现情境，制造气氛，渲染情境，增强学生对教材的感知，在特定的情绪中深刻领悟课文。还可以通过表演课本剧深入体会情境，在语文教学中，让学生扮演课文中的人物角色，紧贴课文中人物的情感与心意，消除学生作为读者与课文文本之间的距离，深刻理解文本内蕴与人物形象。此方法既可以通过分角色朗读也可以以现场表演等方式进行。

情境教学法通常分三个阶段进行：

①感知阶段：教师通过各种方式创设情境，引起学生学习兴趣，激发学习欲望。

②理解阶段：教师引导学生深入体验情境，理解课文，领会情感。

③深化阶段：通过再现情境，丰富想象，在深化感情的同时，使学生实现理性认知。

情境教学法与语文教学现代化紧密相连，它是使语文教学获得生机的一个有效途径。但这一教学法对学校教学设备与资源的配备有相应要求，同时对语文教师也有着较高的要求，要求教师具备相应的现代科技知识与实际操作技能。

7. 朗读法

朗读法是让学生在初步领会课文的基础上，反复朗读课文以加深理解，并以此积累语文知识和典范文章的教学方法。朗读法是我国古代学习语文的一种有效方法，清代崔学古在《幼学训》中对朗读提出这样的要求："毋增、毋减、毋复、毋高、毋低、毋疾、毋迟。"这里提到的高、低、疾、迟都是具体的朗读方式。朗读的形式可谓多种多样，有范读、诵读、领读、单读、齐读、配乐朗读和分角色朗读等。

朗读法可让学生注重语音、音色、语气、语调、句调、重音、停延、节奏等因素，使朗读能力得到强化与提高。此外，朗读还具有唤起形象、表达感情、加强理解、训练口头表达和审美等功能。语文教学中运用朗读法，可以帮助学生熟悉、感知、理解、鉴赏、记忆课文。"书读百遍，其义自见"，学生通过反复诵读，能够不断加深理解，逐渐使自身的感情与文章表现的意境浑然一体。这种学习语文的方法，对增强语感、巩固记忆大有裨益。在教学中，教师可根据不同文体灵活运用朗读法，尤其是在诗歌散文类抒情文体的教学过程中，朗读法的运用对学生深入体会作品的情感、思想与主题很有帮助。

根据俞文豹《吹剑录》中的记载："东坡在玉堂日，有幕士善歌，因问：'我词何如柳七？'对曰：'柳郎中词，只合十七八女郎，执红牙板，歌"杨柳岸晓风残月"；学士词，须关西大汉，铜琵琶，铁绰板，唱"大江东去"。'"由此可见，由于豪放与婉约风格的不同而应该采取不同的朗读方式。而像《荷塘月色》《再别康桥》等优美的写景抒情类散文与诗歌，如果选择与之朗读基调相宜的音乐进行配乐朗读，能收到更好的教学效果，并使学生在声中融景、情随声出中得到情感的熏陶和哲理的领悟。而对于小说、戏剧类作品，教师可采用让学生分角色朗读的方式，让学生在读好人物语言的同时，用心揣摩角色心理与情感，力求还原人物，深入领悟作品中的思想情感与人物性情，同时还能活跃课堂气氛，如《雷雨》中，周朴园与鲁大海发生冲突一节，周朴园、鲁大海、鲁侍萍、周萍等人物，可由学生分角色朗读，从而使学生更深切地体会人物的性格与情绪。

在实际教学中运用朗读法时，教师应指导学生在反复朗读中推敲文本的含义与内蕴，领悟作者的心境与情感，领会其思想与情怀。只有这样，才能加深对课文的理解。但还应认识到，朗读是一种对文本的再创造，应该呈现出朗读者对文本的自我理解，呈现鲜明的个性色彩。因此，在掌握朗读的诸多方法与技巧的同时，不能被其束缚。

8. 研究法

研究法是指学生在教师指导下，从教学中选择并确定具有研究价值的课题，用类似科学研究的方式，运用所学知识，搜集整理材料，进行探索和研究，从而增进思考力和创造力的一种教学方法。它是在推进素质教育中形成的一种新的教学方法。

使用研究法需要教师在钻研教材及语文学习资源时有所发现，然后将这种发现与想法设计成研究性课题，在教学中引导学生去探究，得出创造性的结论，从而教给学生研究方法，培养学生的创新精神和创造能力。教师还可以提供若干研究资料，给学生指明研究方向，引导学生自己去发现问题、分析问题和解决问题。其基本过程如下：

①由教师布置或确立研究题目，介绍研究步骤和具体方法，提供必要的参考资料。

②教师指导学生独立钻研课文，收集并阅读参考资料，再由学生撰写小型研究论文或调查报告。

③由学生宣读自己撰写的研究小论文与调查报告，教师进行针对性的讲评。

研究法的运用要注意以下几个问题：

①教师要努力挖掘语文教材中具有研究价值的因素，设计研究性教学的过程，同时又要尊重学生对研究课题或活动项目的自由选择，鼓励并引导学生从自己的学习生活和所熟悉的社会生活中去选择课题或项目内容，这样才能使学生怀有兴趣并倾注热情去搜集信息，研究问题。

②教师应不断更新自身教育观念，努力营造民主、宽松与和谐的良好氛围，积极主动地转换"师"的角色，始终将学生看作解决问题的伙伴，并对学生进行创新意识的教育，激发学生的创新热情。

③强化学生的问题意识，诱发其探究欲望，教师要引导学生学会自己发现问题、提出问题、分析问题、解决问题，使学生形成一种自觉持久的内驱力。

④教学要重过程而非结论，教师应更多地关注学生的参与行为，关注学生在教学过程中是否具有创新思维，是否激发了想象，收集整理的资料是否论证了需要证明的结论，而不在于结论是否可靠、正确，更不追求结论相同。

⑤在研究性学习开展的过程中，教师还应注意培养学生的科学精神和合作精神，使学生学会相互交流、相互学习，从而相互促进。

二、语文教学方法的选择和运用

每一种教学方法都有其优点与特点，又有其局限与不足。任何教学方法都只是在一定的条件下使用才有功效，不存在任何场合都适用的方法，更不存在任何情况下都是最好的方法。语文教学目标是一个整体，包括知识、能力、智力、思维、文化、情感、态度、价值观等。教学目标的多元性，决定了语文教学过程中应依据不同的教学目标选择不同的教学方法，同时语文教学目标的综合性决定了语文教学方法也应是综合的。

在教学过程中，语文教师应对教学方法进行优化组合，充分发挥各法所长，综合使用教学方法，以发挥方法体系的整体功能。课堂情境总是变化多样的，具有不确定性，教学工作也是复杂的。如果只用一种教学方法来组织全部的教学活动，则必然会使学生产生心理上的倦怠感，也会使教学过程变得无比枯燥。因此，语文教师应该从教学实际出发，选择合适的教学方法，通过优化组合，让多种教学方法配合交替，扬长避短，从而达到最佳的教学效果。

想要打造成功的语文课堂，教师在选取某一种教学方法时，必须考虑辅以其他的教学方法。以一种方法为主、其他方法为辅，使之协调一致、相辅相成，这才是最有效的。因为教学方法的灵活运用、巧妙选择和协调配合可以发挥各法所长，避其所短；另外，注意教学方法的和谐变换，也是一种激发兴趣的艺术。教学方法的选择和运用是课堂教学艺术的一个重要方面。教学是一门艺术，更是一门科学，在教学方法的选择上，既应尊重科学，又应讲求艺术，还要敢于创新，以下是教师课堂创新的方法：

①教师可以在继承的基础上进行教学方法的创新，即在新的教学理念指导下，充分发掘我国教学方法的历史积淀，继承与吸收传统教学方法的合理内核，注入时代的生机与活力，创设新的教学方法。

②教师要注重从学生学习的角度研究教学方法，将教法与学法科学协调，使其和谐统一。在语文教学过程中，教与学是互为对象与前提的，因此要重视学法的研究，重视培养学生的自学能力。

③教师对于教学方法的创设不能只是关注教学技巧，还应该注意结合宏观

上的理论依据,并在微观上与具体的语文教学目标、教学内容和教学对象相适应,考虑到课堂教学的基本结构,从多层面进行思考。

④可引进与借鉴国外先进的教育理念与教学方法,并结合语文教学的规律与实际,对其加以改造创新。在注重教学方法的科学性的同时,语文教师还要根据教学需要,考虑学生的实际,恰当选用与创新教学方法,在优化组合中兼容并蓄,为学生的主动参与提供空间与可能,在多样化教学情境中随机应变,使课堂教学活而有序,从而趋于"从心所欲不逾矩"的教学至高境界。

三、现代语文教学手段

当今时代,科学技术飞速发展、网络信息技术迅猛发展,这些都为现代教育技术的推广与普及奠定了良好基础。世界各国先进的教育教学理念、教学方法和现代化的教学手段日益广泛地应用在我们的教学实践中,促进了教学质量的不断提高。现代语文教学手段是相对于传统语文教学手段而言的,是指利用现代科学技术的相关成果来传输教学信息,以取得较好教学效果的手段。其中,以多媒体为代表的信息化教学技术,越来越多地见于语文教育的课堂和教学操作当中,在语文教育领域形成了一种突破传统的教学手段。

多媒体教学是指在课堂教学中恰当地引进现代化教学手段,应用以计算机为中心的多媒体技术,把语音处理技术、图像处理技术相结合,用文、图、声并茂来实现教学效果的最优化。多媒体教学的逐渐普及使得以多媒体技术和网络技术为核心的现代信息技术在课堂教学中得到推广,在现代教育中产生了巨大影响。语文教学的多媒体化,要求语文教学不仅要在教育理念、教育模式与教育手段方面与时俱进,还需在教育内容、教育方法和教育过程方面进行新的变革。多媒体等现代信息技术进入语文课堂后,语文教学超越了传统的教学视野,摆脱了时空限制,呈现出更为丰富的语文教学内容,扩充了课堂容量,营造出多元化的文化教育环境。

在语文教学中,教师要使自己所传递的知识信息及时准确地为学生接受,必须保证信息传递的有效与畅通,这就强调要多形式传递。在语文教学实践中,教师除了运用传统语文教学使用的语言、文字、图表、实物等常规的形式向学生传递语文信息外,还应注意充分运用现代教学手段,使用多样化的信息形式,使之作用于学生的视听感官,最大限度地发挥学生大脑接受、判断、储存、想象的功能。这样，语文教学才能打开学生感官之窗，使学生启发思维、放飞想象，在语文学习中更为全面与深刻地感知教材，从而提高语文能力。

多媒体教学这一现代教学手段在语文课堂教学方面的优化作用主要体现在以下几个方面：

第一，扩充课堂容量，提高课堂效率。传统的教学手段是一张嘴、一本书、一支粉笔、一块黑板，在语文课堂教学中提供给学生的信息量是有限的。但多媒体课件的使用可节省大量的板书时间，让学生将更多的精力放在知识的理解、质疑问难及听、说、读、写训练上。而且多媒体课件完全可以突破课堂这一时空的限制，将大量直观、形象的音频、视频资料集中展现在学生面前，扩充语文课堂的信息容量，丰富教学过程。

第二，有效提高学习效率。调动学生视觉、听觉等多种感官综合运用于知识的学习。著名的美国心理学家威廉·格拉瑟（William Glasser）认为我们的知识来源如下：10%来自我们阅读的东西；20%来自我们听到的东西；30%来自我们看到的东西；50%来自我们视听的东西；70%来自我们与他人讨论的东西；80%来自我们体验过的东西；95%来自我们互相传授的东西。由此可见，多种感官综合并用时，学习效率最高，知识摄取量最大。语文教学中多媒体手段的运用，图、文、音、像共同调动了学生的各种感官系统，形象直观的影音展示取代了空洞的语言，多元的教育模式取代了口头语言的单一模式，有效调动了学生的学习兴趣的同时，也有效提高了学习效率。

第三，有效创设语文教学情境。基于语文学科人文性的学科特点，充分利用多媒体直观性与形象性的语文教学功能，结合具体的教学内容，借助多媒体的音频、视频来渲染氛围，巧妙地创设语文教学情境，让学生在与教学内容相关的音乐与生动画面中欣赏品味形象化的词句，教学效果会更加明显。在逼真的语文教学情境之中，学生可以充分感悟，增强情感体验，从而激发学习的兴趣和求知欲，调动学习积极性。正如苏联教育学家苏霍姆林斯基所言："只有当感情的血液在知识这个活的机体中欢腾、流动的时候，知识才会触及人的精神世界。"如《荷塘月色》《再别康桥》等课文的教学，就可以利用多媒体教学手段将声画背景与课文朗诵相结合，创设教学情境，调动学生的情感体验，更有效地展开语文教学活动。

第四，教学内容形象直观，突破教学难点。大教育家夸美纽斯曾经在《大教学论》中指出："在教学时应当使一切能看见的东西用视觉，能听到的东西用听觉，能感触到的东西用触觉。"语文教材选材广泛，从天文地理到历史风情，但学生的既有知识面很难覆盖这些内容，对课文的理解必然受到知识视野与生活阅历等因素的限制。对于语文教学中知识性与科学性较强的课文，教师可利用多媒体手段直观形象的优势，利用图像、视频资料再现那些抽象难懂的原理、转瞬即逝的现象与异域异时的景象等，帮助学生理解课文，做到视通万里、思接千载。例如，针对《景泰蓝的制作》等课文，语文教师就可以用多媒体手段展示出与课文相关的图片资料或是视频短片。

多媒体教学在语文教学实践中有着显而易见的优势，对于培养学生创新能力、个性发展方面也有一定作用。但是，我们也应看到，多媒体教学是一把双刃剑。

充分认识到多媒体教学的优势与不足，在实际教学中扬长避短，更好地为己所用。运用多媒体教学，应注意以下几点：

第一，我们应该准确定位语文多媒体教学，摆正多媒体教学手段与教学目的的关系。多媒体技术只是作为一种教学手段在语文教学中运用，是用来支持教学工作，提高课堂效率，突破重点难点，帮助解决一些传统教学手段不易解决的实际问题，而不是语文教学的最终目的。因此，在整个语文教学活动的展开中，多媒体的功能只是用于辅助教学，为教学而服务。要切忌"唯技术主义观"，不能认为有了多媒体这一现代教学手段，就可以摒弃传统的教学手段，将语文课变成计算机操作演示课。如果语文课教学课件花团锦簇、形式多样，课堂气氛热闹，但忽视了学生这一学习活动中的主体存在，没有给学生自主思考与放飞想象的时间与可能，那也不会收到良好的教学效果。

第二，注意师生"主导"与"主体"关系的并重。语文学科始终要以培养学生的听、说、读、写能力为目标，这种能力的养成与提高是以学生的积极主动参与为基础的。语文教学中，多媒体手段的运用也应充分考虑学生的主体性、独立性和创造性，增强学生的参与意识与主动意识。在实际的语文教学中，不能以多媒体信息的展示挤占与代替学生自主独立思考的空间与时间，要始终将学生置于主体地位。学生要在自主探究、学习领悟的过程中，不断将反馈信息传递给教师，并在教师的引导下更好地学习。而教师的主导作用在现代教学手段的使用中显得更为重要，在实际教学中教师运用多媒体手段优化教学过程，激发学生积极参与，注重训练学生在短时间内对大量信息的获取能力、把握文章重点的能力、提炼主要观点的能力、评价分析综合表述的能力。因此，将多媒体这一现代教学手段与语文教学整合的教学过程，是一个师生双向互动、不断调控的交流过程。

第三，强调形式为内容服务。在运用多媒体这一现代教学手段时，要突出语文学科的特点，为语言文字的学习和语文能力的实现与提高服务。任何教学手段与形式都是为教学目标、教学任务服务的，因此，教师应根据教学内容选择适合的技术手段与表现形式，充分发挥多媒体的真正意义，辅助教师有效完成教学任务、达到教学目标，真正做到形式为内容服务。从更深层次来讲，语文学科中蕴含着丰富而深刻的民族文化精神与人文内涵，通过多媒体教学手段达到文、图、音、像并茂，是为了加强对学生民族文化精神的获取、思想情感的陶冶、道德品质的培养。

第四，情境创设为教学目标服务。教师在多媒体课件的制作与设计中，要始终围绕教学主题与目标展开，创设教学情境也要依据教学内容的实际而行，有针对性又富有启迪性，真正达到增强教学效果的目的。教师还可以将多种创设方式相结合，如将多媒体技术、教师的教学语言与生活实例相结合，不能不管课型与教学内容，一味追求多媒体技术，更不能只为了追求教学课件的美观，而采用与教学内容无关的图像、音频信息，背离了教学活动的宗旨。

在当今这个科技迅猛发展的时代，教师要不断提高自身的教育技术意识，对教育技术的发展而引起的教育思想、教学模式、教学方法的重大变革有明确的认识，并清醒地意识到，自身是新教育技术的直接使用者和受益者。新教育技术是利用现代教学手段进行语文课堂教学，它能化难为易，变抽象为具体，使教学生动形象，能够全方位地调动学生思维，充分发挥学生视觉和感知的作用，把学生领入多姿多彩的语文世界，让学生轻松、愉快、主动、有效地学习，从而优化语文课堂教学，提高语文教学质量。我们之所以提倡在语文教学中利用现代化的教学手段，是因为其教学效果是传统教学手段难以企及的，但这并不意味着传统教学手段已经是绝对落后的东西，更不意味着现代教学手段将完全取而代之。因此，在语文教学中，既要保留传统教学的优点，又要发挥现代信息技术的长处，使二者相辅相成、优化整合。

第四章　大学语文教学策略研究

第一节　构建课程标准

现如今，在以教学质量提升为目标的职业教育标准化建设中，国内的许多高等院校已经开始实施理论、实践、高等院校管理这三大模块的标准化建设。依照国家对高等院校职业教育的相关规定，高等院校应当制定符合国家规定的职业分类和与职业等级标准相配套的职业教育制度，这是有别于普通教育的。高等院校应当依据职业教育人才的培养、选拔与评价的标准构建与中国特色社会主义现代教育相符合的教育体系，逐步实现职业院校课程标准和职业技能标准相衔接的目标。

在大多数高等院校中，语文是一门公共基础课程，这就要求高等院校必须按照国家规定的高等院校的建设指导思想来构建语文课程标准。这一课程标准要求以突出学生的能力、提升职业素养为指导思想。尤其是在基本理念、课程目标、课程实施等方面需要详细阐述职业素养的提升、语文能力的提高，并且提出面向高校学生的语文学习基本要求。职业素养的提升和语文能力的提高具有密不可分的关系。据调查可知，在目前的大多数高等院校的语文能力培养中，仍然还是停留在简单的听、说、读、写这四个方面，并没有具体的要求和标准。语文学习中的听有什么要求、标准是什么，说有什么要求、标准是什么，读有什么要求、标准是什么，写有什么要求、标准是什么，都是值得我们深究的。应将职业素养和语文能力的培养结合起来进行探讨，确定一个课程标准。这个课程标准需以职业素养的目标为核心，以职业素养的内涵为基本思想，进行具体化、数据化分析。制定出的这个课程标准既要丰富语文能力的建设内涵，又要为语文能力的培养确立一个正确的方向，以语文能力的培养带动职业素养的提升，使两者形成一个有机综合体，保证语文教学满足社会发展的需求。

一、培养设定教学内容

笔者在调查中发现，在教学过程中，教师曾问过学生这样的问题："你们作为学生，我作为教师，从我问的各种问题来看，你们并不知晓答案，可是为什么上课的时候你们却仍然是一副置身事外的态度？"对此问题，学生是这样回答的："老师，你问的问题我们是不知道答案，可是我们知道了答案之后又怎样呢？"面对这样的回答，笔者深有感触：那些才华横溢的诗人所著的那些美丽的诗文和作家笔下勾勒出的那些美丽的画面、凄美的爱情和真实的历史故事，纵使已经将古典文化的精粹完美地传承给了一代代中国人，但是在这个急功近利的时代，"有用"两字深深地印在学生的脑海里。对高等院校的学生而言，如果不学文学专业，也不爱好文学，那么就没有必要去深入了解那些古典文化的精粹。面对这样的现实情况，大学语文很难去传承。

俗话说得好：语文的学习是一个渐进过程，效果不是在短期内就能看到的。面对以"实效性、速效性"为特点的高等院校和高校学生，大学语文也应当改一改教学内容不切实际、教学方法单一的局面，让大学语文教学成为学生提升语言能力的演练场。

二、教学中融入职业道德培养

职业道德即人们在从事不同职业活动时需依据职业特点而表现出的不同要求的准则、情操和品质，它不但规范着职业人员在职业活动中的行为，还规范着职业人员对社会所承担的责任与义务。

立业须先立德，做事之前要先做人。比尔·盖茨曾经这样说过："相比智慧、创新、情商、激情这些素质，我认为人品是排在第一位的素质，如果一个人的人品有问题，那么，公司就不用花时间和精力去考虑雇佣他。"职业道德是职业素养的最重要的内容，是一个人走向工作岗位需具备的最基本的素质，也是用人单位首先考查的内容。

大学语文课程在传承学生人文素养、提升学生汉语能力的同时，须培养学生具备一定的职业道德。

（一）自信心的培养

高校学生有很大一部分在初、高中时的学习成绩都不是很理想，大多数时候他们都是班级的学困生，上不了很好的大学，但对自己所在的高等院校也不是很满意，这种现象造成的高校学生自信心缺失已经成为大多数高等院校普遍存在的问题。自信心缺失在人的成长过程中是很危险的，它可以使人消沉，甚至会因为自卑而失去工作能力。自信是对自我的肯定，有着积极的暗示作用，以自信的心态去面对工作中的难题可以更好地促进工作的完成，达到事半功倍的效果。因此大学语文教学中的职业道德教育应当培养学生的自信心。

（二）敬业精神的培养

高等院校是一个培养实际技能的地方，而一部分学生在学习和工作中容易出现工作不踏实、急于求成、急功近利的心态。这种不敬业的心理会严重阻碍学生的学习与发展，因此，在大学语文课程教学中应该适当地增加学生敬业精神的培养。

三、完善语文学习能力培养方式

（一）阅读能力训练

笔者在工作中发现高校学生的阅读能力普遍不太好，就以平时的语文测验试卷为例，有很大一部分学生是拿起笔闷头就开始答，等发现答得离题万里的时候为时已晚，不得已，只能把答题纸弄得一塌糊涂，严重影响视觉效果。而这些本来可以避免的问题，却时常发生，究其原因就是没有形成一个良好的阅读习惯。

当前大学语文在培养学生阅读能力方面，大多还是按照初高中的那种"解剖式"分析课文的方式。在教学过程中，也有一些教师采用推荐阅读的方式来提升学生的阅读能力，但是基本没有教师对学生的阅读进行针对性的考核和测评，这种教学方式对自觉性较差的高校生来讲是起不到任何作用的，也必然导致教师的推荐阅读没有引起学生的重视。同时在推荐的方式和方法上，大多教师也是根据自身的喜好对学生进行推荐，随意性大，这样的方式和方法也极有可能考虑不到学生自身的喜爱和需求，因此教师的推荐阅读应该是让学生感兴趣的推荐。除此之外，在培养学生能力方面，教师还应做到以下几点：

首先，注重学生阅读材料的选择，培养其有效阅读的能力。我国现代文学家茅盾曾经说过："善于选书，才能够善于读书。"俄国著名的文学评论家别林斯基也曾说过："阅读一本不适合自己的书，甚至比不阅读还坏，我们必须学会这样一种本领：选择最有价值、最适合自己需要的读物。"因此，我们要培养学生选择最需要的阅读材料的能力。

其次，培养学生正确的阅读方式。对于已经选择的、适合自己阅读的材料，要采用恰当的阅读方式进行阅读。阅读方式有许多种，其中包含了朗读、默读、通读、跳读、精读、略读、背读、抄读、速读等。每一种阅读方式都各不相同，各有千秋，要根据不同的阅读需求最终确定最适合的阅读方式。

最后，让学生熟练掌握阅读技巧。阅读技巧大致有以下几方面：①由标题或框架的意思推测，进行大胆想象，从而提高自己的想象力和创造力；②根据阅读目的的不同，对阅读材料进行标记，做好整合材料的前期准备；③对阅读中掌握的各种信息进行归纳整理，为自己的语言阐述提供具体详尽的思路。

（二）倾听能力训练

苏格拉底曾经这样说过："自然赋予我们人类一张嘴，但是有两只耳朵。目的就是要让人类多听、多看、少说。"如果将人类的一个完整沟通过程分为听、说、读、写四部分，听会占据53%的比例。倾听能力是职场中信息正确接收的重要条件。因此，在大学语文教学中要注重倾听能力的训练。

（三）口语交际能力训练

口语交际能力训练是培养高校学生在职场、生活中如何应用简明、得体、准确的语言来阐述自己观点，从而很好地运用说话艺术让他人接受自己的观点。

①职场中的说话艺术。在语文课堂中模拟职场环境，如求职面试，与上司、同事、客户交谈，会议发言，电话接听与记录。

②生活中的说话艺术。设定初次见面，结交朋友、异性等真实生活场景。

（四）写作能力训练

文章作为"经国之大业，不朽之盛事"，自古以来，在人类传递信息及思想交流等方面就有着不可或缺的作用。在实际工作中，如果一个人在公文和应用文写作方面没有经过系统的培训，那么，在公文的写作中就有可能会犯下陈述事实不清晰、逻辑不紧凑的错误。而下发这种不严谨的公文，对公文的撰写人员来说是严重失责，更严重的可能会受到处罚，所以说在大学语文教学中加强写作能力训练是极其重要的。

为了了解当前高校学生的写作水平，笔者在高等院校进行了一项撰写请假条的调查。在收集上来的请假条原稿中发现，本次一共收到撰写的请假条263份，但是没有一份是真正按照请假条的格式写的。请假条作为一个从小学便开始书写的最基本的文体，都是这样的情况，那么那些学生日常没有接触过的写作就更不要谈规范的格式了。在这样的状况下，大学语文课程应当回到现实，让写作模式真正贴近学生的日常生活、贴近职场，从而训练学生的写作能力。

为了提高学生的写作能力，可以设计四个模块：第一个模块，求职信的书写，书写求职简历和自荐等；第二个模块，策划类文章写作，书写公司的简介、名片、调查报告、策划书等；第三个模块，沟通类文章写作，书写会议记录、批复、介绍信、证明信、函、请柬等；第四个模块，事务类文章写作，书写工作日志、实习报告、计划、通报、总结等。

四、设计以学生为主体的综合实践课程

语文是一门语言类的课程，只注重课堂讲解，不在沟通中加强实际训练，语言能力是无法培养出来的。因此，应以教学素材为基础，根据课时要求，合理有效地调动教学参与要素（教师、学生、教学内容、教学方法等），构建起以学生为主体的综合实践课程，加强以学生为中心的综合实践课程建设。这种模式不仅体现了职业能力培养中对专业能力的要求，还可以达到很好的教学实践效果。在课程完成过程中，所有的学生应当将所学知识进行内化，这样在应用于实践的时候，就会更加得心应手。比如，在碰到各种难题时，老师要求学生应用所学的知识独立解决问题，独立进行问题分析，然后找出答案。要完成这样的综合实践课题，学生不得不去阅览室查阅资料，以及在一些网站上面查找和整合信息，最后做出自己的分析判断，得出最终结论。结论的寻找过程不仅考验了学生的调研能力，还培养了学生自主学习、独立思考和分析问题的能力，这样的语文实践课程，对于提升高校学生的口语交际能力、心理抗压能力有极大的帮助。

第二节　制定教育教学目标

　　大学语文课堂教学必须以教学目标为核心，充分运用各种教学资源为教学目标服务。当前，我国提出的教育方针及教育的目的就是要培养高素质、全面发展的社会主义新人。大学语文的教学目标也应顺应国家的方针，引导教育高校学生坚持以人民利益为第一宗旨，以获取先进文化知识为追求，以投身社会发展为目标，养成正确的、科学的世界观、人生观、价值观。

　　大学语文的教学目标以人文性为核心，呈现出实用性、工具性、职业性等特点。我们知道，工具性展示的是实用价值，人文性展示的是人文素养。大学语文应教会学生必需的语文知识，提升学生听、说、读、写的工具性能力，增强学生运用语言文字、综合使用语言文字的能力。另外，充分运用语文人文性的特点，逐步培养学生的人文素养，在将学生培养成为符合我国教育方针的全面发展的人的同时，还使他们成为拥有健康个性、高尚人格和修养的人。从规范语言使用、行为举止等方面培养其良好的行为方式，并且使之成为一种习惯，保证整体素质的提高。这几个方面在大学语文教学中形成了一个有机整体，不可或缺。但是因为它们地位不同，实现的方式也各不相同，只注重其中的一方面或者以其中的某一方面取代其他几个方面，必将会给大学语文教学带来不利的影响。因此，面对不同的个体，应当有针对性地选择不同的个性化培养方式，根据"短板理论"所说，决定个体最终综合能力的并不是最长的那块板，而是最短的那块板。因此，要制定系统而科学的教学目标，教学目标必须对大学语文教学具有导向、激励、调控等作用。只有明确了教学目标，才能根据教学目标优化教学活动，大学语文课堂才能重新焕发出活力。

一、正确认识大学语文的课程目标

（一）以协助提升学生的职业能力为追求

　　高校教育既是高等教育，也是职业教育，具有"职业性"的特点。和普通高等教育不一样，高校教育的目标是培养能够在生产、服务、技术和管理第一线实际操作的高级技术型、应用型人才。职业教育的主攻方向是为我国的经济建设培养合格的技术型劳动者，特别突出实际专业技能，这是职业教育区别于普通教育的独特地方。另外，高校教育的工作中心是发展和提升高校学生的职业能力。虽然让学生熟练应用语言的工具性特点和提升人文素养也是高校教育中的基本任务，但大学语文课程从教学时间上并没有得到充分的保证，高校学生在心理上也并没有重视语文这门课程。高等院校想单纯依靠文化思想教育的水平来增强学校在社会中的声誉好像不太可能。所以，大学语文想要在以专业技能为主要培养目标的职业教育课程体系中发展，找准自己的定位，调整自身的心态，树立为专业技能服务的观念就变得至关重要。树立大学语文为专业教育服务的理念，并不是说语文不重要，而是要立足职业技能培养，突出应用性、实用性，实现语文能力与职业素养的和谐发展。

语文乃各科之母，是各个学科的基础。高校学生想要学好专业技能，提升职业素养，就不能忽略这个基础课程。而想要变成专业技能出类拔萃之辈，语言素养的积累则更为重要。美国著名的社会预测家约翰·奈斯比特在其《大趋势》一书中预言的21世纪的五件大事中，第二件事就是说在这个文字社会里，读书技巧比以往任何时候都显得更加重要。虽然现在电子计算机已经快速发展到第五代，但它还是离不开人的操纵，电子计算机仍然是属于第二文化，语言和文字才是第一文化，而第一文化是第二文化的基础，没有第一文化就不可能产生第二文化。

语文学习绝不是孤立的学习过程，它和社会生活包括职业生活有着不可分割的联系。脱离真实的生活情景来学习语文、探讨发展和提高语文能力，犹如空中造楼、聚沙成塔，根基不稳。而模拟职业场景教学活动学习语文，不但使学生学到了语文知识，提升了语文能力，而且提高了学生个人整体素质。既方便了学生的专业技能学习，又可以做到一专多能，获得适应社会的多项工作能力。

（二）以语文能力的培养为核心

语文是一门独立的学科。语文之所以是语文，是因为它有其自身的独特性。在高校教育课程体系中，它的地位是其他学科无法替代的。而这种无法替代性主要表现为它是以培养听、说、读、写四项语言应用能力为己任的。这一特性除了语文，没有其他学科可以同时承担培养这四种能力的责任。语文能力与一个人的学习能力息息相关，它决定了一个人的学习能力。因此，在不同的学习阶段，必须具备不同层次的语文能力，即需要不同层次的听、说、读、写能力。高校阶段的学习虽然是分学科、分专业进行，但在知识的深度和广度需求方面已经远远超过中学阶段，学习方法也已经从教师填鸭式的口授慢慢向学生自学过渡，学习的重点已经转变为培养能力、掌握方法。在高校阶段的学习中，不管哪一门学科，仅凭中学阶段获得的中等层次的语文学习能力都无法胜任。高等院校的学生想要系统地学习相关职业的专业技能和知识，大学语文这个基础课程是不可或缺的。它教会学生"应用语言"，即教会学生如何准确地理解与使用语言文字。它指导学生在聆听或者阅读时，在搜集大量语言材料的基础上理解和感悟出语言文字的韵律，然后有自己的理解并用这种理解去指导说话和写作。所以，语文作为一门基础课程，在培养并提升学生语文学习能力的同时为专业课服务，是它义不容辞的责任。

事实上，高校学生的语文能力现状着实令人担忧。中学阶段，学生大多是以考试为目的，这种"应试教育"严重阻碍了中学阶段学生语文能力的培养与提高。而在进入高等院校后，这种语言文字书面表达能力差的现状更是表现得淋漓尽致。大多数教师反映，在给高校学生批改作业时，改病句和错别字的时间比看全文花的时间还多，同时，字迹潦草、语言不通更是随处可见。他们的阅读兴趣也比较单一并且呈现庸俗化，武侠小说、言情小说逐渐成为高校学生课余时间的精神食粮。高校学生的语文水平普遍达不到高中毕业生应有的程度。

高校学生中，还有一小部分来源于中等职业学校。但这两类学生都有一些类似的问题，那就是语文基础知识薄弱、学习兴趣难以激发、学习方法不当等。就目前这种情况来看，高校学生的语文能力远远不能满足和应付个人在社会生活的需要，即便只是职业生活的需要。所以，培养能适应高校专业学习的语文能力是大学语文教学在相当一段时间内必须正视的现实和目标。

（三）以促进学生全面发展为宗旨

现代课程理论认为："时至今日，人们在饱受功利主义课程之苦后，知识的客观真理梦已经被打碎。"人们普遍认为，知识是价值的负载，它负载着社会意识形态，负载并衍生文化、种族、民族、阶级的差异和不平等，即便是自然科学知识，它也承担着意识形态的功能。人们逐渐意识到知识尤其是语文知识更是具有负载价值的，它负载着民族情感、个人情感，并用这些情感给事物以褒贬、美丑、善恶、是非的评价。而高校教育的其他各门学科依据学科学习目标的完善和组织知识的过程，其实也就是价值体现的过程，只是它们对德育、美育或品德培养的概念要模糊一些。

由此不难看到，在大学语文课程学习中，语文中的人文价值也并非只是文学作品所独有的。语言准确、庄重、简洁的实用型文章也同样具有人文价值。

正是因为它们的语言准确、庄重、简洁，而形成了一种独特的价值体现。与文学作品所具有的丰富情感相比，实用型文章更利于实干，更利于学生养成干练、严谨、务实的态度。因此，大学语文教育的中心目标——丰富人文素养、完善学生的人格、促进个体全面发展就需要高等院校的各门具体学科相互协调、共同承担。也就是说，丰富学生人文素养、完善个体人格发展，促进个体全面和谐发展是每门学科的最终目标，也是理想目标。

二、确立职业能力本位的教学目标

所谓职业能力本位的教学目标，指知识、专业能力及情感态度等方面的目标。

（一）知识目标

①能够基本掌握和运用五种语言表达方式，即叙述、描写、议论、说明、抒情。

②熟悉并掌握所搜集的材料和信息，进行顺畅流利的演讲。

③掌握纪要、通知及其他更繁杂的记叙文的写作方法。

（二）专业能力目标

①掌握一定的文章阅读、解析以及鉴赏的能力。

②提高学生的口语交际能力及写作方面的能力。

③具有良好的自觉学习性以及团队合作意识的能力。

④借助计算机等现代化工具进行信息检索的能力。

⑤独立思考并独立给出问题的解决方案的能力。

（三）情感态度目标

在新的课程理念下，情感态度目标被赋予了十分丰富的内涵，主要包括以下几个方面：

①培养学生爱、快乐、审美情趣等丰富的内心体验；

②培养学生乐观的生活态度、求实的科学态度、宽容的人生态度；

③培养学生对真、善、美的价值追求。

三、课程目标定位改革

语文课程历来就有,但是随着时代的变化和经济的发展,语文的课程目标也正经历着一系列不断的变化,概括起来主要有以下几大学派:

①以胡适和叶圣陶等人为代表而形成的形式目标派和工具目标派;

②以穆济波等人为代表而形成的内容目标派和人文目标派;

③以黎锦熙和王森然等人为代表而形成的形式目标与实质目标兼顾派;

④以徐特立和张志公等人为代表而形成的正目的与副目的派。

以上提到的四个学派中,以胡适为代表的工具目标派太注重语文的工具性,而忽略了人文价值的培养。以穆济波等人为代表而形成的内容目标派却又因过分强调语文学科的人文性而曾遭到朱自清和宋文翰等人的抨击。以黎锦熙和王森然等人为代表而形成的形式目标与实质目标兼顾派同时兼顾了语文的人文性和工具性。以徐特立和张志公等人为代表而形成的正目的与副目的派强调主次分明,他们强调语文学科的教学目的就是要培养和提高学生运用语言文字工具的能力,所以要把学生掌握语文工具这个目标放到第一位,但是也不能因为这个目标而舍弃其他目标。

大学语文作为高等院校人才培养方案中的一门基础学科,需要以职业教育课程总目标为原则来定位课程目标。当前我国职业教育的课程目标深受经济社会发展以及职业教育理念的影响,除了少数大型企业外,有极大一部分企业还是希望高等院校能承担起职业教育的主要任务,它们希望所招聘来的新员工能立即上岗工作。因此,我国职业教育课程目标的定位是,不仅要培养学生适应整个劳动力市场变化的能力,还要提升学生的实践能力。

综合以上分析,笔者认为大学语文课程目标定位应该偏向于以徐特立和张志公等人为代表形成的正目的与副目的派。结合当前社会需求,培养高等院校学生的职业语言能力,在加强培养学生职业语言能力的过程中提升其人文素养。

四、课程教材开发的目标

根据以上分析,笔者认为紧扣职业语言能力培养中提升学生人文素养的语文学科目标定位,须开发出配合职业语言能力培养的主教材和辅助教材。

（一）主教材以培养学生职业语言能力为目标

主教材应把大学语文的课堂转换为职场环境的模拟，从培养学生职业道德、阅读能力、倾听能力、口才应用及语言逻辑思维能力、应用写作能力等五方面设计框架。

（二）辅助教材以养成学生良好的语言学习习惯为目标

提到大学语文的工具性，就不得不说到"积累"二字，学习语文是一个渐进过程，只有做到一定的积累，大学语文课堂才能"活"起来。否则，就算教师设计的教学过程再完美，当他面对的是一群没有任何积累的学生，课堂终将是"被架空的危房"，无法进行下去，因此需开发辅助教材让学生养成良好的语言学习习惯。

1. 正确书写和使用汉字

随着计算机的普及，职场工作人员经常是提笔就忘字。据大部分学生反映，因为经常使用电脑，在写作业的时候经常不会写字。而在我们现在的工作中不论是口语表达还是提笔写作，都需要正确、准确的书写和使用汉字。

但是，让学生正确书写并使用常见汉字书写的能力，需要长期的积累。因此，可以在高等院校中经常开展汉字纠错活动，如今，手机拍照十分便利，教师和学生可以用手机在生活中拍下错字和错用现象，并在课堂中进行展示，最终将这些错字汇集在一起形成图文并茂的纠错教材。其目的在于让学生在纠错中改错，最终形成正确书写和使用汉字的良好习惯。

2. 把语文常识当成生活常识一样去积累

基本的文学常识是人们在长期生活中积淀形成的文学习惯，是语文学科的精髓，因此应让学生养成积累文学常识的习惯，使其积累成为学生日常不可或缺的部分。高等院校的语文教师可以根据自身以往的文学常识积累，把这些小知识编成一些让学生感兴趣的小册子，学生人手一本，有空余时间就翻阅，教师不定时进行提问，并采用竞赛的方式激励学生。让学生一改以往那种枯燥的为应付考试而死记硬背的模式，让文学常识像基本生活常识一样在学生脑海中生根发芽。

3. 朗读中体会汉语之美

鲁迅先生曾经说过："中国文字有三美：一为意美，二为音美，三为形美。"一美是美心灵，二美是美耳，三美是美眼。语文教学中，教师可以通过朗诵经典诗词歌赋唤起学生对汉语三美的领会,改变以往教学方法中的那种用一两堂课的时间去讲解一首诗、一首词或一篇赋的现代汉语意思,要把经典诗词歌赋渗入每一堂课。同时可以借鉴清华附小校长、著名特级教师窦桂梅所提倡的阅读微课堂,让学生以小组为单位收集自己喜欢的经典诗词歌赋,引导学生在语文课堂上进行朗读,体会诗歌的吟诵之美、意境之美,不剖析其中字词的现代汉语意思,而让学生从整体上领会诗歌的意境。

第三节 实现模块化教学

大学语文课程教育是高校学生的必修公共基础课程,其教学目标是培养学生对祖国语言的热爱,提升学生的文化水平,在此基础上整合教学内容实现职业素养培养。高校学生只有掌握了一定的语文基础知识,才能够将这些知识运用到职业当中。我国当今教育正由应试型教育向素质教育转轨,但是在转型过程中,高等院校的语文课堂教育仍存在一些问题和挑战,难以适应素质教育的需要。因此,为了改变这种局面,帮助学生顺利走入职业生涯,我们需要对课堂内容进行整合,实行模块化教学,充分发挥学生的主体作用,在轻松愉悦的氛围中提升学生的积极性,实现职业素养的提升。

一、整合教学内容实现模块化教学的必要性

要了解整合教学内容实现模块化教学实施的必要性和可行性,需要对大学语文课堂现状有一定的了解。近年来,很多高等院校在国家政策的支持下建立起来,但是生源质量一直不高,且相比往年,有下降的趋势。在高等院校的语文课堂中,学生课上表现欠佳,很多教师反映课上气氛沉闷,学生的学习积极性不高,师生之间缺乏沟通和互动。造成这种现象的原因是多方面的,除了学生自身的原因之外,还有以下三个层面的原因。

(一)学校育人观念有失偏颇

每个学校都有培养人才的宗旨,高等院校主要倾向于培养实用型、技术型人才。但是在教学过程中,学校在教育方面存在一定误区,主要表现在实际教学中注重实用技术教学,忽略了语文等基础学科的学习,且在实施过程中,割

裂了语文学科与职业技能二者的关系。囿于课时的安排和学生对专业课的训练需求，语文等传统学科的教学时间被挤占，长此以往，不利于学生对基础文化知识的学习，对学生的职业素养培养也产生了很多不利影响。尤其是在大学语文课堂中，学生学习的积极性大大降低，教师面对这一局面也深感无奈。

（二）社会聘用人才标准过度看重技能

大学语文课堂现状的成因除了学校教育理念和学生自身之外，还有社会层面的原因。高等院校培养的学生最终会走向工作岗位，因此，企业的人才选拔标准对高校学生的培养至关重要。目前，很多企业的用人标准偏向技能层面，很少考虑到学生的职业素养，在最大化利益驱使下，企业更倾向于录用技能过硬的人才。这一导向给高等院校的技能培养传达了风向标，即"重视技能培养、轻视人文素养"。因此，企业的人才录用标准也成为大学语文课堂教学现状的幕后推手之一。

（三）教学手段落后，学生丧失自信

虽然全国大部分地区逐渐开展了教育改革，但是部分高等院校的教学手段还停留在过去，教学手段过于僵化呆板，难以适应现代社会的发展形势。此外，教学手段落后导致学生的课堂表现不佳，很多学生有高考失利的阴影，以致在升学后难以重拾信心，加之本身基础薄弱，导致很多学生丧失课堂表现的信心。

综合以上三种因素，我国的大学语文教学中存在着明显不足，因此，我们需要采用系统化的措施整合教学内容，实现模块化教学。

二、大学语文课堂的教学误区

整合教学内容，实现模块化教学有其必要性。我们要找出现阶段大学语文课堂教学的不足，对现阶段学生的课堂表现和教师的教学情况进行调研，找出问题症结，对症下药。在此，我们通过分析教师实例中的教学误区，在此基础上找出解决问题的方法。

（一）走马观花，脱离文本

文本教学是语文课堂教学的根基，如果文本教学方面出现了问题，课堂教学就会失去应有的方向。大学语文课堂在文本方面的主要缺失就是讲课走马观花，脱离文本。大学语文课堂的一节课当中，教师一般先利用多媒体课件匆匆

展示一篇文章，接着又换上下一篇文本进行展示，最后用仅剩不多的时间来讲授文本的背景知识。显然，这种教学模式存在误区。如果语文课堂中增大知识容量，那么学生很难在短时间内消化和掌握大容量的知识。虽然这种教学模式能够帮助学生了解课本之外的文本知识和作家的写作风格，但是对文学基础薄弱的高等院校学生来说，这种教学模式脱离了文本学习的实际。考虑到学生的文学基础和职业素养需要，大学语文教师应该了解学生的实际需求，顺应文本内容进行课堂编排，首先帮助学生了解文本中的生词和句子，对文章的段落安排和谋篇布局条分缕析，由浅入深地引导学生了解和学习文章的细节部分。在实际教学当中，教师为了节省语文教学时间，为专业课让路，在教学过程中忽略了这些最为基本的知识，以致教学课堂走向了走马观花、脱离教学文本的误区。

因此，在语文课堂中，教师要切实考虑到高等院校学生的特点，量身定做安排教程。同时，培养学生的自主学习能力，利用好帮助学生提升职业素养的现阶段教材，也就是在教学过程中要处理好作为教材的教学文本，在语文课堂中，脚踏实地引导学生学习，使得学生能够在课堂中学到实用的文本知识，从而和专业知识联系起来，为未来的职业生涯助力。

此外，在此基础上选择适当的教学模块，在学习基础知识后，适当加入拓展模块的教学，补充课本以外的知识，但是要处理好基础知识和拓展知识的关系。

（二）无的放矢，顾此失彼

在大学语文课堂教学实际中，还存在一种现象需要我们深入研究并且研究对策。新课程教育改革主张培养学生的自主学习能力，提供开放的平台，教师在备课设计中也更加重视培养学生的自主学习能力。固然，我们支持学生在课堂中畅所欲言、交流讨论，但是教师在教学过程中扮演的角色问题值得我们深思。在大学语文实际课堂教学中，很多教师采用放羊式教学方法，即对学生放手，很少进行指导和安排，使课堂陷入盲目学习的沼泽中难以挽救，显然这种教学方式是危险的，容易造成课堂混乱，失去原有的课堂秩序。

我们以现阶段调研的课堂为例，一节45分钟长度的课时，一般教师会通过学习委员布置课堂的教学任务，会抽出课堂一半的时间来让学生试讲。这种教学方式虽然锻炼了学生的自主整理能力，但学生毕竟不是教师，在教学讲课方面不占优势。教师可以给学生提供锻炼的机会，但是如果学生讲课成为常态，将不利于学生的学习和发展。有些是一些诗作名篇，需要通过教师的引领，需要教师利用自身的素养来给学生讲解，才能够帮助学生对文本进行深入理解。同时，这种教学过程也是体现教学素养的重要方面，因此文本的讲授需要专业的教师解读。教师作为传道解惑之人，对于文本解读需要承担责任，而不是放开双手要学生独自完成。但是，从另一个角度来说，教师在教学过程中，可以留给学生一定的空间，为学生搭建平台，让学生自主对文本进行个性化解读。教师和学生都应该成为课堂的主人、课堂的共建者，只有这样才能够营造良好的教学氛围，教师和学生才能够教学相长。在这种教学方式中，一些不善交谈，相对自卑的学生能够找到发挥空间，也能够体现出模块化教学的意义。此外，教师和学生为顺利完成教学任务，需要在课前相互沟通，对于课上需要讲授的文本部分进行详尽的准备，确保学生在课堂中讲述的内容积极正面。但是，目前大学语文课堂的教学实际存在很多欠缺，教师在为学生文本讲义的把关中明显缺失，学生自己准备的讲义又不能满足课堂讲授的需求，这种情况不利于学生对文本的学习和把握，同样也不利于课堂教学模式的创新，从而导致了教师和学生只有一腔热情，但由于对知识的掌握和运用不到位，使得课堂教学盲目而无序。

三、整合教学内容实现模块化教学

面对现阶段大学语文课堂现状，我们需要正视这一问题，并探究解决这些问题的办法。在整合教学内容的基础上，帮助学生树立职业素养意识，并逐步采取手段实现模块化教学，最后还要结合高校学生和教学现状进行反思。

（一）开阔文本解读视野，增加课堂容量

大学语文教学大纲中对学生的文学作品阅读做出了规定和划分，其内容涵盖了优秀文学作品、作品语言赏析以及掌握基础阅读方法等方面。基于对文学作品的规定和划分，我们采用划分教学模块的方式实现课堂教学，其中拓展模块是开阔学生视野，增加课堂容量的重要方法。据了解，拓展模块的教学内容多属于文学性题材，这一板块要求相对宽松，学生和教师的自主性较大，因此，在讲授这一模块时，学生和教师需要利用这一宽松的板块，在时间相对宽裕、学习氛围相对轻松的环境中共同学习，共同完成对学习文本的解读。此外，我们还需要利用好基础模块，只有基础模块与拓展模块相互补充，相辅相成，才

能够实现大学语文课堂的顺利教学，提升学生的职业素养。实现基础模块教学与拓展模块教学的和谐发展，首先需要了解两者服务的对象，即文学性作品的解读。为此，我们需要寻找文本和读者之间的连接点，帮助学生深入作品当中，站在作者的时代背景和心理层面了解作者的意图、文章的主旨和写作文章的目的，建立起作者、读者、讲授者之间的联系。在这个圈子中，讲授者是读者和作者之间沟通的桥梁，但并不意味着讲授者掌握着读者理解作品之门的唯一钥匙。也就是说，教师在进行文本解读时，对学生进行适当引导即可，不能将学生束缚在文本教学中，教师也应该根据文本发展的实际，根据学生不同阶段的学习特点，掌握学生的学习情况，推行模块化教学，为学生理解文本内容搭建平台，利用学生课余的网上学习时间，开阔学生的视野。为此，教师可以在拓展模块中安排与课本作品相关的诗歌、散文和戏剧，通过适当的拓展阅读，开阔学生的阅读视野，更加充分地了解作者的写作背景和思想感情，从中领悟作品传达的道理和阅读的真谛。

（二）培养文本解读兴趣，提升语文学习能力

除了处理好基础模块和拓展模块的关系，还要切实培养学生对文本的兴趣。教师在这一环节中扮演着重要角色，教师是学生进行文本解读、学习语文知识的引路人。因此，教师需要划分教学模块，分门别类地培养学生的阅读兴趣，帮助学生感受语文的魅力，提升学生的写作能力，使学生能够将语文学习与自己的专业知识联系起来，从而达到提升职业素养的目的；同时顺带解决长期以来高校学校重视培养职业技能，忽视人文素养的弊病，从而在职业教育课程中找回文化课程的地位。此外，还需要适当进行教学模式的创新，增加课堂趣味性，激发学生的积极性和主动性，既给了学生发挥个人创意的空间，也给了教师发挥个人能力的空间。例如，教师在讲解诗歌单元时，可以根据实际情况设计为诗歌配音，为诗歌作画等情节，帮助学生更好地理解诗歌中所表达的思想感情，让学生在娱乐的同时学习到诗歌中的文化知识，理解作者在创作作品时的心路历程。同时使学生掌握基本的文言知识和词句表达方法，将语文课堂中学到的基础知识和人生领悟运用到专业的学习上，增强其对工作岗位的领悟，提升职业素养，并以此为基础，使学生对人生、生活、社会进行初步认识，形成正确的世界观、人生观、价值观，拥有丰富的思想世界，未来走入工作岗位后还可以向社会传递正能量。这种教学方式是现阶段高校教学的改革趋势，其充分沿袭了语文教学大纲的精神，也充分发挥了阅读文学作品的价值，还可以提升学

生的职业素养。同时重视学生对名著的拓展阅读，可以提升学生的文化情操、沉淀文学素养。在具体实施阶段，可以打破陈旧迂腐的教学模式，采用小组讨论的形式，使学生的专业课水平在语文课堂中充分发挥出来，从而调动学生的学习热情。

（三）增设阅读能力模块，提升课堂教学有效性

前文按照教学结构将语文课堂教学分为基础模块和拓展模块，按照板块内容我们又可以将其分为阅读模块、写作模块等，其中阅读模块是不可忽略的重要部分。在大学语文课堂教学中，我们要了解语文课堂的教学方式，重视学生阅读能力的培养，提高课堂时间的利用率。

为了实现这一目标，我们可以改变课堂教学中的形式安排，探索出通过阅读模块提升职业素养的新途径。根据实际课堂测验，我们发现，演讲教学是有效的教学方法之一，演讲教学可以总结为三个步骤：首先，学生在教师的指导下选择演讲选题；其次，通过各种途径搜集演讲素材并整理出来；最后，实施演讲并根据听众的评价进行考核评价。除此之外，还需要根据不同学生不同的学习基础和条件，进行教学个性化的研究设计，实现有针对性的教学。

这种教学方式在开始阶段可能会面临一些阻力，如教师要耗费更多的精力，或者是学生不适应。但是，这些问题都可以通过教师和学生的努力进行克服。教师对学生的演讲要进行细致的指导，才能够真正达到演讲的目的。演讲的形式可以进行多样化的编排，可以以精彩的阅读故事为依托，演讲过程中可以适当选择配乐，辅之以与文本内容相适应的舞台表演，营造戏剧化的演讲舞台，给学生带来耳目一新的感觉。当然，演讲的话题只有和学生学习的模块相契合，才能最大限度地实现学生的自主学习，为学生学习设立良好的教学情境，培养学生形成良好的阅读习惯和思维习惯，从而达到提升学生职业素养的目的。

多年的理论和实践证明，大学语文课堂教学改革要开辟一条新的道路。模块化教学为高校课堂教学改革提供了信心，这种教学模式在实际教学中获得了极大关注，很多教育工作者对模块化教学寄予希望，希望模块化教学能够帮助大学语文教育找到新的突破口，在培养学生语文基础知识能力的同时，帮助学生实现知识体系和价值观体系的构建和自我素养的提升。目前，国内外学者针对整合教学内容，对模块化教学的实施情况进行了大量研究，但是系统梳理其教学实施的可行性和有效性的研究并不多见，因此，实现模块化教学还需要各位同人的共同努力。

第四节 提升职业素养

一、职业素养的含义及培养方式

（一）职业素养的含义

职业素养具体是指从业者在职业过程中表现出来的综合品质，同时职业素养也是衡量一个人职业生涯成败的关键。职业素养具体包括职业思想、职业道德、职业技能以及职业行为习惯四个方面。我们在日常生活中通常将其理解为人们在职业生涯中体现出来的职业道德，其中，爱岗敬业、勤于奉献、诚实守信、团结协作都是被社会公认的职业素养。此外，职业素养也是每个从业者渴望达到的思想境界和道德境界，每个从业者都要通过长时间的积累和学习才能够达到。

（二）职业素养在高校教学培养中的地位

高等院校对学生的职业标准有明确的培养目标，即以培养学生的全面素质为基础，培养具有综合能力和全面发展的高素质应用型人才。由此可见，高等院校的培养目标是具有职业素养的劳动者，而不是简单培养只重视技能的劳动者，因此，高等院校在培养学生时，不仅要重视培养过硬的职业技能，还需要重视学生吃苦耐劳、乐于奉献的职业精神。

二、高等院校语文教学及学生职业素养的现状分析

（一）高等院校语文教学的现状分析

我们针对高等院校语文学科进行了调查分析，其中，大部分学生表现出对语文学科的学习兴趣，并且希望能够在语文课堂中获得学习兴趣和收获，少数学生认为语文学习比较枯燥，在语文学习上也少有收获，还有部分学生对语文课堂表现出漠不关心的态度。我们还在调查中发现了一个重要现象，很多学生将精力集中于动手操作的实习课堂，很少把精力投入语文课程等基础课程当中，加之高等院校以就业为导向的育人理念，忽略了语文基础课程的学习，造成了现阶段高等院校教学的尴尬处境。我们对大学语文教师的现状也进行了了解和

调研，发现教师授课内容大多以教材为依据，很少能够将授课内容和未来学生的职业规划联系在一起。在实际教学活动中，教师很少组织语文教学实践活动，导致语文课堂与现实严重脱节。此外，课堂授课形式较为僵化，在课堂中缺少创新的内容，教师的授课很难引起学生的学习兴趣，对学生的考核评价缺乏一定的标准，大部分学生能够较为配合地完成教师布置的教学作业，小部分同学对学习表现出无所谓的状态，长此以往，将不利于大学语文的发展。

（二）高校学生职业素养的现状分析

我们通过调查问卷的形式对高校在校学生的职业素养进行了初步调研分析。调研发现，超过半数以上的学生表现出理想信念淡化，对学习专业缺乏了解，对未来的职业前景感到迷茫，甚至在学校的学习过程中，表现出缺乏责任感、社会情感冷漠的状态，很多学生对于敬业精神和团队精神也没有深入的理解。

除此之外，我们还对高等院校培养的毕业生在企业中的发展状况进行了初步了解。据调研，企业普遍反映，高等院校培养出的人才，拥有专业的、过硬的基本功，但是在职业素养层面较为欠缺，具体表现为对工作的选择眼高手低、缺少敬业精神、缺乏团队意识等。为此，企业方面也很遗憾地表示，虽然愿意对具备专业技术和实际操作能力的广大高等院校的学生敞开大门，但是高等院校毕业生在职业素养方面表现出的欠缺令其头疼，此类学生在入职后需要企业花费时间进行职业素养的培养，但是这种培养方式也只是隔靴搔痒，高等院校学生的职业素养只有从教学培养的点滴抓起，才能够从根本上解决这些棘手的问题。

三、大学语文教学提升学生职业素养的目标、途径与原则分析

（一）大学语文教学提升学生职业素养的目标

1. 提高学生的听说读写能力

叶圣陶先生认为，语文教学的根本目的在于培养听说读写能力，具体是指听说读写之内的创新与发掘，而不是听说读写之外的样式翻新。由此我们可以看出，听说读写能力是语文教学的根基，也是教学的基础部分，如果语文教学中忽略了这一点，语文学科的教学也就失去了实际支撑点，提高学业素养更无从谈起。我们也在课堂研究中发现，很多学生无法使用流畅的措辞清晰地表达自己的想法，这在面试就业和人际交往中成为很多学生的障碍。此外，应用写

作能力也是学生学习过程中的一大障碍,很多学生在应用文写作上存在问题,因此以就业为导向培养学生的听说读写能力是高等院校培养学生的当务之急。

2. 塑造学生健康的人格

高等院校的学生群体在文化水平和性格特点上有其特殊性,其中,很多学生文化课水平仅有普通初中生的程度,很多同学缺乏刻苦学习的意志力。在工作和学习中,这些学生容易受到环境变化的困扰。当遇到困难和挫折时,很多学生表现为抗压能力弱,且不能进行自我调节。这类学生在工作和学习中往往意志消沉、情绪易冲动,更有甚者会面临着失学或失业的风险。因此,语文学科教学的重要目的在于培养学生健康的人格,培养学生对真善美的追求,通过道德知识的教育和环境的熏陶,向学生传递正能量,帮助学生树立正确的世界观、人生观、价值观,着力提高学生的文化水平,培养学生的高尚情操,提高学生的职业素养水平。大学语文教学要结合语文教学实际,深入考察学生的文化水平和性格特点,实行具体化教学,在潜移默化中塑造学生健全的人格。

3. 培养学生的职业意识

职业素养的培养并不是一蹴而就的,而是需要经历一个有意识的培养过程,它也不能通过书本知识传达,而是在教师教学和学生学习过程中潜移默化地形成的。以就业为导向,语文学科的教学应该把培养学生的职业意识和教学目标纳入具体教学计划之中,才能够在教学过程中达到引导学生的目的。学生才能够通过语文课程的学习,不断明确职业意识,培养求职意愿,最终培养良好的职业素养。

职业素养需要每一位从业者牢记在心,并以此为标准进行自我约束。有学者将职业素养划分为显性职业素养和隐性职业素养,显性职业具体是指学生的专业课学习素养,这是打开就业之门的敲门砖,因此,显性职业素养显得尤为重要。大学语文课程在培养显性职业素养方面的作用在于将语文课堂中培养的听说读写能力转化为阅读理解能力和语言表达能力。隐性职业素养是指专业之外的道德素养、职业态度等方面的品质,通过语文课堂的学习,领会文学作品中传达的哲理和精神品质,有利于学生形成诚实守信、忠于职守、团结协作的职业素养。

（二）大学语文教学提升学生职业素养的途径

1. 课堂教学

学校教育中的课堂教学是学生获得职业知识和技能的重要手段，课堂教学这一过程也是职业素养逐渐习得的过程，因此，教师在传授语文知识的同时，也承担着提升学生职业素养的重要任务。在实际教学过程中，语文教师除了传授学生语文知识，还要在教学过程中找到其与职业素养中的契合点，探索出适合在语文课学习中培养职业素养的具体方案，营造健康向上的学习氛围，并将职业素养的培养融入其中。在具体实施过程中，教师需要多花费功夫，对学生的课堂表现等进行观察和记录，并以此作为样本，对反馈结果进行总结和分析，找出现阶段情况与未来目标之间的差距，在此基础上修正方案，为提高学生的职业素养探索新的途径。

2. 课外活动

课外活动是课堂教学的补充，也是培养学生职业素养的重要途径。与课堂教学相比，具有实践性、灵活性强的特点。学生在课外活动中时间把控的自主性较大。另外，课外活动对于学生没有硬性要求，一般由学生根据自身情况酌情参加。在课外活动中，很多学生能够发挥出自己的特长，并且满足自己的兴趣爱好，很多学生通过课外活动拥有丰富的精神生活。学生在获得精神满足的同时，自主性、积极性以及责任感也能够相对地培养出来，持续发展下去，有利于学生职业素养的提升。由此观之，课外活动对培养学生的职业素养有着深刻的意义。

3. 社会实践

除了课堂教学和课外活动之外，社会实践是培养学生职业素养的又一重要领域。在新时期的教育中，高等院校的学生培养不是闭门造车，所以职业素养的培养需要与现代企业接轨，了解企业对人才的需求，因此，社会实践是职业素养培养的重要途径。高等院校一般会在学生毕业前安排实习，在一定程度上能够帮助学生了解未来从事的行业，帮助学生较为科学地将理论与实践相结合。此外，学生在实习的同时，可以培养良好的劳动观念，增强对职业的责任感，培养自身的创新能力和实践能力，不断提升自身的职业素养，便于在未来走上工作岗位时，拥有责任担当和团队协作精神。

（三）大学语文教学提升学生职业素养应坚持的教学原则

1. 理论联系实际原则

瑞士著名教育学家对大学语文学科教育发表了见解：如果想要满足要求和愿望，要从认识和思考出发，但是认识和思考的前提是付诸行动。也有人说：空洞的没有根据的理论是没有用处的，理论只有与事实相结合，才能够发挥作用。我国著名教育学家陶行知曾提出过"知行合一"的观点。通过学习各位教育学家的思想，我们能够充分认识到理论联系实际的重要性，理论联系实际是培养高校学生职业素养的首要原则，理论与实际需要贯穿在整个教学过程当中，因此，学习大学语文教学不仅要掌握基础的学科知识，还要学以致用，内化成为自身的文化素养。

2. 循序渐进原则

教师要根据学生在不同学习阶段展现出来的特点，采用循序渐进的方式，按照学生的学习规律进行教学。贯彻这一原则，教师至少要做到三个方面：首先，要按教材的编排规律进行教学；其次，要研究学生各个阶段的学习状况和心理特征，为学生量身定制课程编排；最后，教学过程要由简单到复杂，逐渐深入，循序渐进，配合学生发展。

3. 因材施教原则

早在春秋时代，孔子就已经提出了"因材施教"的教学原则。教师要对不同学生的发展特点和知识掌握程度进行了解和记录。此外，还要对班级的整体情况进行把握分析，关注不同学生的个体差异，关心爱护每一位学生，切实为每位学生着想，因材施教在教学过程中使得每一位同学都能够得到全面发展。

4. 可接受原则

可接受原则，一般是教学的进度、内容、方法要配合学生的知识水平和承受能力，教师要根据学生的接受状况，调整课时安排，以相对缓慢的速度增加教学难度，逐渐促成学生的健康发展。要贯彻可接受原则，教师在教学过程中需要注意两点：第一，关注学生的知识水平和发展特点，这是可接受原则实施的前提，只有了解学生自身的发展特点和认知水平，才能相应地调整教学内容，制定出切实可行的教学方案；第二，教师要注意观察不同学生在课堂上的表现，对教学方案及时调整。

国家对职业教育日渐重视，对职业教育也加大了扶持力度，经过几年的发展，职业教育院校为社会输送了大量的人才。但是，学生的职业素养教育始终处于落后的境地，长时间发展下去，不利于学生综合素质的提高，也不利于企业和国家未来经济的发展。

（四）教学方法举例分析

大学语文教育教学方法有很多，笔者选取最为典型的项目教学法和实践教学法为教学案例进行分析。

项目教学法是指以学生为主体，教师作为指导，二者相互协作，完成独立的项目。项目教学法中，学生需要通过小组协作的方式完成信息整理、讨论项目方案的实施，通过与教师相互讨论完成考核评价。项目的实施过程可以分为项目确立、项目分析、项目调查、项目建设和项目评价五个部分，项目评价即将每个步骤的表现都作为测评的部分，从而实现对知识的整合和能力的运用。项目教学法的特点是以项目为主线、以教师为引导、以学生为主体。例如，在学习写调查报告时，教师在课堂完成基础知识的讲授，学生在教师的指导下完成对调查报告的特点、结构和写作方法的学习研究，最后将研究成果交给教师，并备注相关注意事项。再如，撰写一篇《高校学生自主创业情况调查报告》，学生可以在课堂外成立项目调查小组，对写作材料进行整理和探索，经过小组讨论和教师对框架的指导，提交作品初稿，最后以座谈会的形式对作品成果进行归纳分析，由教师提出修改建议。在此过程中，小组成员对研究对象的情况进行了全面的理解，且在实际操作过程中完成了对项目制作的分析和讨论，提高了相应的能力，对于今后的就业和创业都有很大的帮助。

实践教学法是指学生以一定的实践活动为基础，将概念性的、相对抽象的知识转化为实际能看得见的内容。高等院校中，实践课程是职业教育的重要内容，是培养职业能力的需要，也是提高学生职业素养的需要。语文学科的教学离不开实际生活中的应用，对于理论知识我们终究无法纸上谈兵，课本上学到的知识也无法在短时间内转化为职业能力。为此，实践教学法应运而生，很多高等院校已经开设了实训课程。当然，语文教学也不例外，其可以和实训课程充分地结合起来。教师可以以此为契机，鼓励学生共同探讨职业素养方面的内容，如团队精神、敬业精神以及职业素养等。此外，在实习过程中，教师需要和学生保持密切的联系，关注学生的变化，掌握第一手学习动态，在实训过程中鼓励学生勤于动手、勤于思考，培养吃苦耐劳、艰苦奋斗的职业精神。在组织学生实践的过程中，还要奖惩分明，对于实训过程中表现优秀的同学予以表彰，并倡导其他同学以此为榜样，培养职业精神和职业素养。

在这一小节中，笔者进行了大量的调查研究，提出了大学语文教学提升学生素养的可行性论证，重点探讨大学语文教学提升学生职业素养的实践策略和教学方法，期望能通过大学语文教学工作的开展，提升学生的职业素养，希望高等院校能为社会培养出更多技术过硬、素质优良的高级技能人才。

第五节　建立考核评价体系

在教学过程中，大学语文课程会制定一个考核和评价标准，具体是指语文教学在一定学习阶段对学习表现和学习任务等综合表现的考核。随着信息化时代的到来，各高等院校为赶上时代的潮流，纷纷对现行的课程进行改革。随着教学模式和方法的创新，传统的考核评价体系中与社会不相适应的方面逐渐暴露出来，因此，建立多元化的考核评价体系也势在必行。

一、目前大学语文教学考核评价体系存在的不足

我国大学语文课程考核大多以考试为主要手段，成绩是唯一的评价标准。为了完成考试任务，很多学生在平时不用功学习，只在考试前临时抱佛脚以应付期末考试，学生大多对成绩没有过高的追求，只满足及格分数，且试卷考核内容较为单一，在题目编排上缺乏创新，仅限于考核枯燥的理论知识。这一切导致了语文学科在学生心目中的地位直线下滑，学生对于语文课程的学习表现出漠不关心的态度。这种考核评价方式不利于语文课程的学习和积累，也不利于学生思维能力的扩散和学习态度的端正，对学生人文素养和素质的培养都产生了不利影响。此外，传统评价体系中评价主体过于单一，评价的权利掌握在教师手中，因此，评价结果缺乏民主性和客观性。如果学生的主体性在很大程度上被忽视，那么学生对于语文课堂的积极性自然会降低。因此，建立起科学而全面的考核评价体系是十分必要的，对学生的学习现状和未来发展前景都具有重要的意义。为建立起科学的考核评价体系，教师要从自身做起，对教学过程进行深入反思，在教学过程中接受学生的合理建议，并不断改进教学方法，努力提高教学水平。

二、多元化大学语文教学考核评价体系的构建

传统的大学语文教学考核评价体系在教学过程中存在严重不足，在多年实践中，暴露出很多弊病，而在学期的最终评价中，只关注学生的学习成绩，忽略了教学中的阶段式评价。总之，传统的以期末考试成绩为核心的考核评价体系已经不能适应社会的发展，大学语文教学若想在时代改革的大潮中突出重围，必须建立起一套渠道多样、方式多元的考核评价体系。

（一）多元化考核评价主体的组成

传统的语文考核体系偏向主观化，考核体系的布局一般按照自上而下的体系进行，教师的评价来自教学监督和教导部门，而学生的考核和评价直接来自任课教师，整个考核评价体系在很大程度上存在漏洞。因此，我们在构建多元化的考核评价体系时，首先要改变的就是考核评价主体，新的考核评价主体应该涵盖广泛，体现出多元化的特点，应包括任课教师、辅助教师、相关教育部门、教育学家和学生。考核评价体系的建构，需要考虑各个主体的观点和建议，对教学质量和学生学习表现进行全面而客观的考核与评价。此外，各主体之间需要相互沟通，必要时可以分成小组，增强评价的公正性，给学生和教师创造出良好的考核环境。

（二）多元化考核评价内容的构建

在多元化考核体系中，内容的考核是不可或缺的方面，很多高等院校在考核过程中忽略了内容考核，导致很多学生不重视语文课程的积累，在语文能力的培养方面有所欠缺。针对教师的考核，主要包括对课程内容的完成度、教学计划的制定、课堂出勤状况以及课堂外的作业布置情况；对于学生的考核，不仅包括学生的期末考试成绩，还包括学生日常的课堂表现、学生的精神面貌和学习态度，具体表现为学生的课堂出勤状况、语言表达能力以及包括互联网在内的多媒体学习能力。总之，对教师和学生的考核，不再局限于一张单一的成绩单，而是在多个方面、多个领域组织考核，通过综合测评和考核，得到更加完整而立体的评价。新的评价体系更加重视考核学生在基础知识的掌握程度、语用实践的能力、应用写作的水平以及课程竞赛、社会人文活动中的表现。通过其实践过程考察学生的学习效果，有利于学生培养良好的职业素养。

（三）构建多元化的考核评价方式

要构建多元化的考核评价方式，教师要重新重视因考试成绩而忽略的综合素养的培养，要联系其职业院校的教学特点，充分考虑学生的专业以及就业需要，并且结合教学中的实际内容，采用理论与实践相结合的方法，通过构建多元化的评价方式，对学生进行全方位考核。

根据教学经验，考核评价可以分为三个部分。一是对学生学习过程的考核与评价，具体包括课堂出勤表现、课前预习状况以及课上表现和作业完成情况。例如，教师可以通过布置课前预习任务的方式，督促学生利用课下时间完成对课堂知识的预习和补充，并根据完成情况进行评价。二是期末考核的改进，在考试题目中加入综合训练项目，通过试卷的题目内容调整试卷结构，增强对学生学习效果的考核，唤起学生对语文课堂的重视。三是鼓励学生自主参加考核，在高校学生学习生涯中，通常会取得相关证书来证明自己的能力，如普通话水平测试证书、演讲比赛奖项以及专业技能证书奖项等，都可以纳入学生的考核评价体系当中。只有三种考核评价方式相互结合、相辅相成，才能够实现高校课程考核评价的进步。如果教师能够在学生的考核评定中合理分配比例，则既能够帮助学生学习课本知识，又可以提升学生的实践能力，培养学生的团队意识和职业素养，养成良好的学习习惯，为未来的就业打下良好的基础。

三、构建多元化大学语文考核评价体系应注意的问题

（一）要有一个较为完善的综合考核评价系统

相比于传统的考核评价体系，多元化考核评价体系是一个新的尝试，但是新事物在产生和发展过程中，面临的不只是机遇，也面临着挑战。在考核评价体系中，虽然教师占据重要位置，但也要重视学生的主体作用，教师和学生、学生与学生之间需要相互沟通、相互理解，建立起透明高效的反馈机制，从而制定高效合理的、切实可行的考核评价体系，由此推进整个教育体系向前发展。

（二）要突出开放性、现代化特点

处在新时代的学生，思维表现比较活跃，心态更加开放，所以，考核评价体系也要解开陈旧规则的束缚，建立起新的考核评价标准。考核评价体系的改革如同现代社会的发展，需要与时俱进、开拓创新。得益于此，学生也能够在

课堂教学中获得较大的自由空间，学校中的资源也能够最大化地被利用。此外，考核评价体系的构建还要充分体现出现代化的特点，创新考核评价模式，改善考核评价环境，构建适应社会发展的考核评价体系。

　　多元化的考核评价体系在大学语文教学中的运用，体现了我国高校教育与时俱进的态度和决心，但是其毕竟处于初步尝试阶段，在推行过程中可能会遇到困难和阻力，我们要直面评价遇到的困难和矛盾，建立起一套全面、系统、科学的考核评价体系。同时，新的考核评价体系的建立，对教师也提出了更高要求，教师需要根据学生的特点，及时调整教学策略和教学方法，使用好教学艺术，培养出具有良好职业素养的学生。此外，构建多元化考核评价体系是高等院校教育的新的开始，其成功为其他方面的改革提供了极大的可能性，同时为我国大学语文课程教学做出了极大贡献。

参考文献

[1] 易小会. 基于职业汉语能力培养的大学语文教学改革研究[D]. 南昌：江西农业大学，2015.

[2] 赵欣. 论语文教学中的人格教育[D]. 济南：山东师范大学，2006.

[3] 郭立亚. 语文课程标准研究[D]. 长春：东北师范大学，2003.

[4] 王凯. 高等院校语文教学的问题、归因及对策[D]. 呼和浩特：内蒙古师范大学，2010.

[5] 张泽建. 高等院校大学语文教学现状及改革探析[J]. 天中学刊，2008（2）：125-126.

[6] 孙建明. 20世纪前期语文教学模式论略[J]. 湖州师范学院学报，2001（1）：72-77.

[7] 王生壳. 高等院校语文课程教学的改革[J]. 学园，2015（3）：79.

[8] 汪念明. 大学语文课程的学科定位[D]. 长沙：湖南师范大学，2004.

[9] 张松竹. 我国高等院校大学语文教育管理的困境与发展研究[D]. 秦皇岛：燕山大学，2013.

[10] 管宣. 苏大版五年制高校《语文》完善策略研究[D]. 南京：南京师范大学，2013.

[11] 杜兆金. 大学语文教学应重视培育学生的文学素养[J]. 辽宁行政学院学报，2008(6).

[12] 郑群. 构建高等院校应用型语文教学模式[J]. 徐州师范大学学报（教育科学版），2010（4）.

[13] 陈纯静. 多媒体在语文教学模式中的应用[J]. 学周刊，2014.

[14]. 苏庆. 大学语文教学模式改革的探究[J]. 中国科教创新导刊，2014（2）.

[15] 李晓华. 论"国学热"背景下的大学语文教学 [J]. 学理论，2011.

[16]. 徐雪芹. 大学语文教学引入电影辅助实现教学目标的探讨 [J]. 山西青年管理干部学院学报，2010（2）.

[17] 乔守春. 传统文化教育在大学语文教学中的实现途径 [J]. 天津电大学报，2011（1）.

[18] 黄金柱，周永红，鹿军. 试论网络文化背景下的大学生政治社会化 [J]. 西安文理学院学报（社会科学版），2007（2）.

[19] 黄立新. 网络环境下的协同教育研究 [M]. 北京：科学出版社，2010.

[20] 王国良. 网络文化语境下高校思想政治教育的新思路 [J]. 深圳大学学报，2007(1).